日本国憲法施行 70 周年

芦部信喜先生記念講演録

平和憲法五十年の歩み
―その回顧と展望―

1995(平成7)年 10 月 21 日

と

日英対訳

日本国憲法

The Constitution of Japan

付・日本国憲法制定経過年表他
（ポツダム宣言～日本国憲法施行）

信山社

芦部信喜先生記念講演録と日本国憲法

東京大学名誉教授・文化功労者

芦部信喜氏（伊那中 17）

1995(平成 7)年 10 月 21 日

伊那北高校に於いて

芦部信喜先生記念講演録と日本国憲法

芦部信喜先生記念講演録

平和憲法五十年の歩み
―その回顧と展望―

芦部信喜先生記念講演録と日本国憲法

内容目次

はじめに

◎戦争体験を憲法学の原点に

◎戦後憲法学の課題を考える

◎改憲論と天皇制・人権

◎二十一世紀の世界へ　第九条の精神を

◎今日では約八割から九割近くの国民は、

自衛隊を肯定的に受けとけている。

◎理想と自衛隊の存在とは結びつくのかどうか、矛盾するのではないのか。

◎日本の憲法学の支配的な学説は九条と自衛隊とは両立しません。

◎九条は非武装の平和主義を基本にしている、という立場をそのまま維持しな

がら、自衛隊の存在も肯定する、そういう解釈を採るためには、今までの支配

的な学説と全く違う視点から、九条を見直さなければならない。

◎一九五三年に、学問の偉大な学者として大変有名な

高柳賢三先生(英米法学者)が説いた憲法九条論・九条解釈。

「憲法の規範には、為政者を直ちに義務づける現実的な規範の他に、理想を

表明する理想的規範がある。この理想的規範の条文の字句の一つ一つからは法

的効果を引き出すことは出来ない。憲法九条は理想的規範であって、そこに定

められた戦争放棄、戦力不保持、交戦権否認は、原子力時代における為政者の

芦部信喜先生記念講演録と日本国憲法

理想ないし目標としては正しい提言であり、為政者は戦争の廃止、非武装主義を実現する努力を忘れるべきではないけれども、現在の国際情勢の下では、国家の安全について国民に重大な責任を負う為政者を直ちに法的に義務づける、すなわち、外国からの侵略の脅威に対して戦力を持つことを為政者に禁止している、と解することは出来ない。このように九条は、理想と現実に分けて解釈する方法で考えると、『平和の意志』を表明した国際的政治宣言…マニフェスト…と解される。」

◎政治的マニフェスト説の今日的意義を再検討しなければならない。

芦部信喜先生記念講演録と日本国憲法

はじめに

　ただ今ご懇篤なご紹介を頂きました中学一七回卒の芦部でございます。長い間大学の教師を勤めていましたので、このような壇上で話をするのは馴れているのですが、七十を過ぎてからは、メモを見ないと纏まった話が出来なくなりまして、かなり詳しいメモを今日も用意して参りました。国務大臣の答弁のように官僚の作文を棒読みするという訳ではないのですが、下を向いて原稿を見ながらお話をする事も多いと思いますが、その点は高齢に免じてご了承いただきたいと思います。

　私は今朝久しぶりに薫ケ丘を訪れまして、鎮魂碑の除幕式に出席させて頂きました。そして、もう六十年も昔のことになりますが、私が昭和十一年（一九三六年）に旧制伊那中学校に入学してから、昭和十六年三月卒業するまでの間に、日中戦争で戦死された第一回卒の吉澤衛先生並びに柔道の永原茂経先生などのお顔であるとか、太平洋戦争で若い生命を断った薫ケ丘時代の同級の友達や、先輩の諸兄のお顔を次々に思い浮かべまして、万感胸に充ちるものがありました。

　今年は皆さんご存知のとおり、戦後五十年、大変大きな節目の年ですので、太平洋戦争で最大の激戦地であったと言われる沖縄の糸満市摩文仁に、沖縄戦犠牲者の名を刻んだ「平和のいしじ」という鎮魂の碑が建立されたのをはじめ、終戦記念日の八月十五日、日本の各地で鎮魂と平和への祈りが捧げられました。

- 7 -

芦部信喜先生記念講演録と日本国憲法

　本日、薫ケ丘にも末永く若い世代に戦争を語り伝える鎮魂の碑が除幕の式を迎えました。先ほど同窓会長始め校長先生がおっしゃいましたが、鎮魂碑建立委員会の委員長を勤められた小林弘一先生も「同窓会報」で、この建立の目的は、「発展を続ける薫ケ丘の中に、一九八人の戦没同窓生を出した時代があった事実を伝ええ、その御霊を鎮めるとともに後進に平和の尊さを学ぶ具体的な場を提供する」ためだ、と説明されております。同窓会員の一人としまして、こういう大変に有意義な企画を進めてこられた会長はじめ責任者の皆様方のお骨折りに、心から敬意と感謝の念を申し上げたいと思います。

　こういう記念すべき日に、同窓の皆様や在学中の皆さんに昔の思い出や、戦後四十年に渡って私が勉強してきた平和憲法についてお話をする機会を得ましたことは、誠に光栄なことと思います。実はこの講演のご依頼を受けたときも、それから今年の夏にも、難しい話は困る、高校生の皆さんにも判るような話にしてほしい、というご注意を頂きました。そのご注意に沿うように自分としては努力したつもりですが、若干判りにくい箇所もあるかも知れません。その点はお許し頂きたいと思います。

◎戦争体験を憲法学の原点に

　今年は阪神大震災や、オウム真理教事件が起こったり、政治の混迷と経済の低迷が続いたりして、何か先行きに厚い靄のかかったような年でした。そんな戦後五十年ですが、私は新聞やテレビが企画した、いろいろの戦後五十年の特

芦部信喜先生記念講演録と日本国憲法

集記事を読んだり、特集番組を見たりして、現在の混迷をしばし忘れ、五十年前の昔を思い浮かべ、何回か胸がつまる思いを味わいました。

戦後五十年と言えば、高校生の皆さんにとっては、私が伊那中学校五年生の時に、日清戦争や日露戦争を思ったのと同じ遠い過去の歴史です。しかし今の高校生の皆さんは、私たちが中学生であった時代と違って、戦争というものの悲惨さとか、無意味さとか、平和の尊さをもっと身近に、そして真剣に考えていらっしゃると思います。また、是非そうであってほしいと思います。

私たちのように、日中戦争から太平洋戦争の真直中（まっただなか）の軍国主義の時代に青春時代を送り、学業半ばにして兵役に服した戦中派と言われる世代にとっては、五十年たった今もなお、あの戦争には、本当に忘れ難い切実な思いが、それぞれにあります。ですから、今年もまた私は、戦争犠牲者の生々しい映像とか、その遺したいろいろの言葉であるとか、そのご家族の方々が今日までに味わった数々の物語りなどを、テレビや新聞を通じて見たり読んだりしまして、あの戦争はまだ過去の歴史ではないのだ、五十年たった今、ようやく一つの区切りをつけて、戦後が終わりつつある状態にあるのではないか、そんな思いにかられるのです。

先ほどちょっと触れました「同窓会報」、それは今年七月二十五日に発行されたものですが、そこに私より四年後の昭和十五年に入学された柿木憲二さんが、「五十年前の伊那中生─人生二十五年の時代」という見出しで回想記を書いておられます。私が伊那中生だった時代は、軍事教練という科目や軍事演習という行事はありましたが、それ以外は、春と秋に農家へ勤労奉仕に行ったり、下伊那に大鹿村という村がありますが、そこに信濃宮が建設されることになり

- 9 -

芦部信喜先生記念講演録と日本国憲法

まして、その工事に出かけたりする程度で済んだのですが、太平洋戦争の戦局が、昭和十八年から十九年にかけて、日本に大変厳しく不利に展開するようになってから、「学徒動員令」という今で言うと法律に当たるものですが、それが昭和十九年八月に発令されまして、中学校・女学校の上級の生徒が軍需工場に動員されることになりました。伊那地方の中学校五年生が名古屋の工場で、四年生は辰野の軍需工場で働くことになり、柿木さんも書いておられますが、アメリカの誇る長距離爆撃機であるＢ29による、すさまじい空襲を受けて、かなり死傷者も出たのです。その点は、先ほどお話に出た『薫ケ丘外史』の中にも詳しい記述がありますので、皆さん是非読んでいただきたいと思います。女学校の生徒もですね、私のすぐ下の妹が当時今の弥生ケ丘高校の四年生でしたが、辰野にあった芝浦タービン工場に動員されまして、一日三交代制の、女学生にとってはかなり酷な労働に従事しました。それで健康をすっかり損ねてしまった者も少なくなかったようです。

　私も昭和十六年三月伊那中学校を卒業してから二年後の昭和十八年に、戦争の苛酷さを身をもって知ることになりました。この年、異例の臨時措置として、旧制高等学校の学年、これは三年間でしたが、それが半年短縮されまして、暑い八月に入学試験が行われ、私は当時の東京帝国大学、現在の東京大学の法学部に入学することになったのですが、十月一日入学の直前の九月二十二日に、内閣から一億国民を戦闘配置するという趣旨の、「国内態勢強化方策」が発表されまして、それまで大学生に認められていた徴兵猶予が、法文科系の学生に限って停止されることになってしまったからです。皆さんご存じと思いますが念のために申しますと、現在の日本国憲法には、兵役の義務を定める規定はあ

芦部信喜先生記念講演録と日本国憲法

りませんが、明治憲法時代は納税と並んで、兵役は国民のきわめて重要な義務でした。男子は成年に達しますと徴兵検査を受け、健康上の理由で不合格にならない限り、すべて兵役に服する義務があったわけです。しかし、大学生には卒業するまでの三年間徴兵が猶予される特典が認められていたのです。その特典を法文科系の学生には認めない、というのが九月二十二日に発表された内閣の新しい政策であります。

　時の内閣総理大臣は、有名な東条英機ですが、その日ラジオ放送で、「かねてより殉国の至情抑え難き青年学徒の念願に応えて、政府はこれらの学徒をして直接戦争遂行に参与せしむることで方針を決定した」と述べました。そして「今や青年学徒が身を挺して、敢然祖国の難に赴く秋（とき）が到来した」のだから、「戦争の完遂に渾身の力を振り絞って欲しい」という趣旨のことを強調しました。こういう次第で十月に何万という学生が各自の郷里で徴兵検査を受けまして、今でも時々テレビで放映される、あの有名な神宮外苑での雨の中の「出陣学徒壮行大会」が、十月二十一日に挙行されたのです。戦争と縁の薄い戦後生まれの高校生の皆さんも、映像だけはご覧になった方が少なくないと思います。このとき、東条首相は、「一切を大君の御為に捧げ奉るは皇国に生をうけた諸君の進むべき只一つの道である」という壮行の辞を述べました。文部大臣も、「今ここに大君の御盾となるべき最も大切な使命を負う秋が来たことは、学徒の無上の栄誉である」という訓辞を述べました。また各新聞も、この学徒出陣を一斉にたたえる記事を載せました。私は学徒出陣五十周年にあたる一九九三年、今から二年前ですが、当時の新聞記事を読みまして、ある雑誌に回想記を書いたことがありますが、そのとき読んだ朝日新聞には、「大君に

芦部信喜先生記念講演録と日本国憲法

召されて戦いの庭に出で征つ若人の力と意気は、ここに結集した」とか、「幾十、幾百、幾千の足が進んでくる。この足やがてジャングルを踏み、この脛やがて敵前渡河の水を走るのだ。学徒部隊は場内に溢れ、剣光はすすき原のように輝いた」というような、戦意をいやがうえにも高揚させる記事を載せています。それらを読んで五十年前を思い起こしますと、あまりにも空しく、万感胸に充ちる思いがします。

あのとき、私はおそらく生きて再びこの美しい伊那谷の土を踏むことはないのではないか、と考えまして、ちょっとした遺書めいたものを書き、十二月一日金沢師団に入営しました。二、三ケ月たった頃だったと思いますが、よく覚えていませんけれども、上宮から「各自髪の毛と爪を切って家に送るように」と言われたことがあります。その手紙を手にしまして、私の母が涙をこぼしていた、という話を後で妹から聞いたことがあります。

戦時中、息子や夫を戦争に送り出した母や妻は、たとえ戦死の公報に接しても、人前で泣いたり、取り乱したりすることは恥だと考えられておりました。ですから戦死は、国のため、大君のために命を捧げる「名誉の戦死」であり、靖国に神として祭られる一門の誉れだとされていたのです。実際そう考え、そう振舞った気丈な母や妻も多数おりましたが、それは全体からみますと、ほんのごく一部だったと私は思うのです。人間である以上、誰が息子や夫の死を、名誉だ、誉れだというふうに、しんから思うでしょうか、私はそのように推測するのです。母や妻だけでなく、例えば学徒出陣で軍隊に入り、その後特攻隊員に選ばれ南の海に散った学徒兵が出撃前に書き残した言葉が集められて、『きけ、わだつみの声』とか『はるかなる山河』とか、また『雲ながるる果て

芦部信喜先生記念講演録と日本国憲法

に』などという題名の本にまとめられております。この手記を読みますと、国のために殉ずるのは本望だとかいう趣旨の言葉もあります。また、「二十四の我が命断つ日なり、雨上がりつつ青空の見ゆ」というような生死を超越した、無の境地からの言葉もあります。しかし、国のために殉ずるというのは、自分の死を自分に納得させる言葉のように私には響きます。生死を超越した無の境地と言っても、そこに至るまでには、どんなにか激しく心が揺れ動いたか分かりません。それを思いますと、この特攻隊員の手記には、私は言葉を失ってしまうのです。高校生の皆さんも、機会があったら、岩波文庫などで容易に入手出来ますから、是非読んでほしいと思います。

　戦前の軍隊の生活や演習の苛酷さは、実際に体験した者でないと分からないと思うのですが、同じ軍隊でも、内地と外地の戦場とでは雲泥の違いがありましたから、私のように内地の勤務だけで終戦を迎えた者には、戦場で生きるか死ぬかという人間としてぎりぎりの極限の場で、凄惨を極めた苦労をなめた方々の心中は、想像に絶するものがあります。しかし、私も昭和十九年の二月頃だったと思いますが、陸軍の特別操縦見習士官の試験、これは陸軍に入った学徒兵全員に行われた試験だったと思いますが、それを受けて、あわやと言うと何ですが、外地に送られそうになったことがあります。第一次試験に合格したのは、約五〇人の中隊でたった三人でしたが、その一人が私だったからです。その三人はそれから暫くたってから第二次の精密試験を東京の立川飛行場で受けましたが、最終的に合格したのは一人だけで、私は不合格でした。特別操縦見習士官というのは、名前は立派ですが、結局特攻隊要員だったということを後で知りました。海軍には予備学生という制度があり、多数の学生が飛行科

- 13 -

芦部信喜先生記念講演録と日本国憲法

専修予備学生から特攻隊員に選ばれて、海に散ったり、死と直面した訓練の日々を敗戦の日まで送ったりしました。

このように、はじめは内地と外地は大きく違いましたが、昭和二十年になると、三月の東京・名古屋の大空襲を始めとする各都市への無差別爆撃であるとか、熾烈を極めた沖縄戦であるとか、八月の広島・長崎への原子爆弾の投下など、内地も外地と同じような戦場と化してしまいました。先ほど伊那中生が名古屋の軍需工場でB29の爆撃を受けた話をしましたが、その頃、これは昭和二十年の三月ですけれども、私は岐阜市の近くの各務（かがみ）ケ原飛行場にあった航空部隊で勤務しておりましたので、空襲警報が鳴って兵営から山の方に退避したりしたとき、名古屋市を空襲するあの不気味な、「あの」と言っても知らない方には分からないと思いますが、不気味なB29の大編隊をはるかに望見しました。この空襲で若い中学生にかなり多くの死傷者が出たことを知ったのは、終戦後郷里へ帰ってからのことです。私のいた各務ケ原飛行場も兵舎の反対側の地域に中島飛行機製作所など、当時日本有数の軍需工場が立ち並んでおりましたので、猛烈な焼夷弾攻撃を受けました。工場群は二回の大空襲によって壊滅してしまいました。また、航空母艦から発進する艦載機の機銃掃射もありました。当時私は飛行機の誘導路、これは飛行機を動かすための道路ですが、それを作る工事の監督みたようなことをさせられておりまして、部隊長から「敵機と刺し違える覚悟で戦え」と命じられたのですが、「たこつぼ」からの機関銃で太刀打ち出来るような相手ではありませんでした。

私は終戦を福井県のある飛行場の部隊で迎えまして、部隊の戦後処理が済んだ九月初旬復員しました。その年、十月に大学に復学する届をしたのですが、

芦部信喜先生記念講演録と日本国憲法

住宅事情とか、食料事情とか、若干健康上の都合などもありまして、実際に大学に戻ったのは、入学した昭和十八年の秋から数えまして丁度三年ぶりの昭和二十一年の秋であります。

東大には正門から時計台のある安田講堂という建物までの約一五〇米位の広い通路の両側に、大きな銀杏の並木があります。丁度今時分からだんだん秋が深まっていきますと、黄色の紅葉が日に映えて大変綺麗なんですね。私は二十一年秋にその紅葉が光輝いて散り落ちる様を見ながら、丁度三年前この並木の下で昼休みの時間に、信時潔作曲の「海行かば」の曲が流される中を上半身裸で体操したり駆け足をしたりして、学徒出陣に備えて身体を鍛えていた多数の学生の姿を思い浮かべました。そして、入営する前の一ケ月ほどの短い学生生活を同じ下宿で過ごし、この銀杏並木の下を共に行き来し、毎晩のように話し合った親しい友人がおりましたが、その友人が戦死し永久に帰らぬことになった戦争の空しさ、無意味さをひしひしと感じたのです。こういう軍隊での経験であるとか、戦後銀杏並木の下で味わった、この苦い痛嘆の思いが、私の日本国憲法に対して抱く原点のようなものになっているのです。

◎戦後憲法学の課題を考える

日本国憲法は、高校生の皆さんは中学でも高校でも、授業で勉強されたことと思います。原案は日本を占領した連合国軍総司令部の中の法律学に詳しい若干の人々が作成したものです。それを骨子として日本語にした原案が新聞に大きく報道されたのは、昭和二十一年の三月七日です。当時私は駒ケ根市の自宅

芦部信喜先生記念講演録と日本国憲法

でそれを読みまして、よくは分かりませんでしたが、特に戦争放棄、軍備の撤廃をうたった条項に目を見張ったことを思いだします。昭和二十年秋から冬にかけて日本の政府や政党、民間の団体などから、次々に明治憲法の改正案が出されていたのですが、その中には一つとして戦争や戦力を放棄する、という非武装の思想を打ち出したものはなかったからです。

　私は昭和二十一年九月、先ほど言いましたが、東大に復学して、当時日本を代表する碩学の先生方から、心に残る名講義を聞くことが出来ました。憲法を担当されていたのは、あの天皇機関説事件で弾圧を受けた美濃部達吉博士の高弟で、俊秀の誉れ高かった宮沢俊義という先生です。当時明治憲法の改正作業に関わっておられました。私は国民主権とか、基本的人権とか、平和主義とか、高校生の皆さんが既に学習したような憲法の原則を、その時初めて学んだのです。また、法学部には国際法という科目がどこの大学にもありますが、当時東大の国際法は、第三代の最高裁長官を勤められた横田喜三郎先生が担当されておりました。横田先生は戦前、十五年戦争の発端となった一九三一年の満州事変を、日本の侵略行為で国際法上違法であると主張したために、軍部から大変にらまれまして、戦時中は意見を発表することすら出来ないような状態にありましたが、戦後華々しい活躍をされた国際法学のオーソリティーであります。

　先生は国際法の講義で、国連憲章の意義を大変熱っぽく話されましたが、その際に、米英仏中ソの五大国の間で、日本非武装化条約案が作られていること、もしそれが正式の条約になると、日本は半永久的に武力を保有することが出来なくなるということを説かれたことが、いつまでも私の記憶に残っております。

芦部信喜先生記念講演録と日本国憲法

それだけ私たちのような復員学徒には、戦争放棄とか非武装という新しい考え方が、新鮮で感動的なものと受けとめられたのではないかと思います。

　当時は戦後の著しい物不足の時代で、本当に食うや食わずの食料不足に悩まされた時代でしたから、私の学生生活は、戦後生まれの方々が過ごした高校、大学の時代とは全く比較も出来ない悪条件の下にあったのですが、それでも、軍務から解放され、新しい知識の泉を吸収できる自由な生活は、私にはそれなりにさわやかで、実に充実感があったことを想い起こします。

　しかし私は、昭和二十四年（一九四九年）三月卒業しましたが、その前の年の秋頃までは、学者になろう、学者になりたい、などということは考えたこともありません。ただ急に大学に残ってもう少し勉強してみよう、という気になりまして、憲法の宮沢先生の助手…東大には助手という制度がありますが…それに採用して頂いたのです。憲法を選んだのは、学徒兵として出陣したときの体験がもとになっているのか、と質問されたり、新聞等に書かれたりしたことも今までに何回かありましたが、私は何が何でも憲法学を、というつもりで、この道を選んだのではありません。しかし、先ほども申しましたが、宮沢俊義先生の講義を聞いたり、本を読んだり、また先生の師匠であられた美濃部達吉博士の日本国憲法の解説を読んだりしたときに感じた何とも言えない感動が、憲法を勉強してみよう、という気持ちを起こさせた一つの大きな理由であったことは確かであります。

　私は助手から助教授に任用された若い時代には、主として憲法の原論にあたる問題であるとか、立法・行政・司法の統治機構に関する問題に関心を寄せておりましたが、昭和三十四年から二年間アメリカに留学し帰国してからは、主

芦部信喜先生記念講演録と日本国憲法

として人権の問題、そして人権を裁判を通じて守るための憲法裁判の理論を新しく構築するために研究を続けてまいりました。ドイツに、私が大学を卒業した一九四九年に七一歳で亡くなられましたが、グスタフ・ラートブルフという世界的に著名な法律学者がおりました。大変民主的な考え方の学者でしたので、日本の美濃部先生と同じように、ナチスによって弾圧されまして教職を追われました。しかし戦後に復帰されて、戦前の考え方を修正するいろいろな発言をされ、大変注目をひきました。その中でも私は、ラートブルフ先生がナチスの十二年間の時代に数々の不正な法律に苦しめられた体験を踏まえて、いかに合法的な手続きで制定された法律でも、もしその内容が正義に合致しないものであったなら、それに不正の刻印を押して、それと戦う勇気を持たねばならない、という趣旨のことを書いた論文に強い感銘を受けました。戦前の法律学では、悪法も法である、つまり日本の戦時中猛威をふるった皆さんご存知の治安維持法のような法律でも、正規の手続きで制定された法である以上、それに不法のレッテルを貼って、合法性に疑問を投げかけるようなことは出来ない、そういう考え方が支配的であったのです。それはそれで勿論理由はありますが、人間の尊厳を否認するような法律に対してまでも、それを法として遵守すべきだと説くのは問題ではないのか。私はそう考え、国家の権力には本来超えてはならない、侵してはならない、一定の限界、制約があるのではないか、例えば個人の尊厳を侵し、その自由を不当に侵害する法律は、正当な法としての性格を否定しなければならない、そういう憲法の理論、それを実際に具体化するための技術、これを構築することが、戦後の憲法学に課せられた最も重要な課題ではなかろうかと思いました。これが私の憲法学の基本にある考え方です。ですか

芦部信喜先生記念講演録と日本国憲法

ら私は、昭和二十年代の後半から昭和三十年代の後半まで続いた保守政党を中心とする日本国憲法の改正案に対して、反対の立場を採りました。当時の改正論者は、押しつけられた憲法は自主的に改正すべきだ、という自主憲法制定をうたっておりましたが、中身は、天皇制の強化、再軍備、基本的人権の制限、この三つを柱とする改正案であったからです。

◎改憲論と天皇制・人権

こういう憲法改正の是非を問う議論が、昭和三十五年の日米安保条約の改定をめぐる、**安保闘争**と呼ばれる大事件の前後を挟んで、昭和三十年代末まで、いわゆる**五五年体制**と言われる自民・社会の対決状況の下で、日本の国論を二分する形で争われたのであります。しかし、憲法を改正するには、皆さんもご存知と思いますが、まず国会で三分の二の多数決で可決されることが必要です。さらに国民投票に付して過半数の賛成を得なければなりません。この三分の二の**多数**を何とかとろう、というのが、昭和三十年代から四十年代の前半頃までの自民党の悲願であったのです。そのために衆議院の選挙制度を小選挙区制に改めようとして、野党と激突したりしました。学界からも国民からも充分な支持を得られず、当時の小選挙区制案は日の目を見ないで終わりました。しかし

芦部信喜先生記念講演録と日本国憲法

昭和三十年代のような、激しい憲法改正の動きは、四十年代に入りますと段々沈静化してきたのです。それにはいろいろの理由がありますが、最も大きな理由は、どの世論調査でも憲法改正は必要という意見よりも、必要なしという意見の方が多数を占めていたこと、つまり改憲を国民は積極的に望まなかったことと、もう一つ改憲の柱とされた天皇制の強化、再軍備、基本的人権の制限のいずれについても、特に憲法の条文を改めるという手続きをとる実質的な理由が少なくなってきたことです。

　というのは、天皇制の強化とは、具体的には天皇を日本国の元首と憲法にはっきり規定しようということで、昭和三十年代までは、そういう建て前に大変こだわったのです。元首は、外国に対して国を代表するような権能を持つ者でなければならないのですが、日本国憲法では天皇にそういう権能を認めておらないからです。憲法上は、大使・公使の信任状を認証したり、外交文書を認証したり、外国の大使・公使を接受…つまり接待…したりする権能しかありません。認証というのは、公に証明するだけの形式的、儀礼的な行為です。しかし実際には、天皇は外国の大使・公使の信任状を受け取ったり、日本から外国に送る大使・公使の信任状を発したりする行為、これは通常元首が行う行為だと考えられてきたものですが、それを現在まで国事行為として行ってきております。条約を締結する権能はありませんが、諸外国からは日本の元首は天皇であると一般に考えられております。それに元首の概念も段々変わってきております。ですから、「日本国の象徴」という現在の憲法の規定を大多数の国民が支持しているのにもかかわらず、あえて「日本国の元首」という規定に改める必要性は、実際には、ほとんどなくなったと言ってもよいわけです。

芦部信喜先生記念講演録と日本国憲法

　基本的人権の制限の問題も、昭和三十年代までの改憲論の主滝の考え方は、現在の憲法は人権を余りにも厚く保障し過ぎて、義務をなおざりにしている、そのために国家の存立が軽視される原因になっている、だから人権よりも公共の福祉に重点をおくべきである、こういうような観点から、いろいろの制限を新しく憲法に盛り込もうとするものであったのですが、昭和四十年代の後半になってからは、それを憲法改正という形で行う必要はほとんどなくなりました。というのは、憲法に明文で規定しなくても、最高裁判所の判例によって公共の福祉に重点をおく考え方が、昭和四十年代の後半に確立したからです。

　その象徴的な事件を一つだけお話しておきます。それは、昭和四十二年に北海道に小さな猿払という村がありますが、そこで起こった事件です。一人の郵便局の郵便配達員が、総選挙に社会党から立候補した人のポスターを、労働組合の決議に従って日曜日に公営掲示板に六枚貼った、それから百数十枚のポスターの掲示を、他の組合員に依頼して配布した、その行為が、国家公務員法で禁止されている「政治的行為」に当たるとして起訴されまして、簡易裁判所で罰金刑に処せられたという事件です。小さな事件ですけれども、大事件にこれが発展したのです。国家公務員法、それから地方公務員法も同じですが、公務員の政治的行為は一律・全面的に禁止されています。これは西欧先進諸国の中でも珍しい程厳しい制限です。しかし政治活動の自由は思想表現の自由として憲法で厚く保障されています。ですから行政の政治的自由を確保するという目的は正当なのですが、郵便配達員のような国の政策に直接係わらない、ただ機械的な職務に携わっている公務員が、日曜日に一市民としてポスターを貼る行為まで規制しなければ、その政治的中立性が守られないか、確保できないかど

芦部信喜先生記念講演録と日本国憲法

うか、これには重大な疑問があるわけです。たまたま私はこの事件に直接関係することになりまして、昭和四十二年だったと思いますが、旭川地方裁判所の依頼で、鑑定意見書を裁判所に提出致しました。この意見書で西欧諸国、特にアメリカ合衆国の学説や裁判の考え方を参照しながら、私は国家公務員法の全面・一律禁止の規定は違憲と解すべきであり、従って被告人は無罪とすべきであると主張しました。幸い旭川地方裁判所も、法律そのものは違憲だとは言いませんでしたが、機械的な労務を提供するにすぎない公務員の一市民としての活動まで規制することは出来ない、という理由で無罪の判決を言い渡しました。これを札幌高裁も支持しました。さらに東京、仙台、名古屋、そして四国等で起こった同じような事件でも、一つの地方裁判所の判決を除いて、全て合計一〇の判決になりましたが、無罪判決が出たのです。

　憲法の人権保障の精神から考えますと、それは当然の結論と言って良いのですが、検察はこの流れに頑強に抵抗しました。その背後には当時の政府の、こういう公安労働事件に対する強硬な姿勢があったと思います。最高裁の裁判官も、昭和四十年代前半のハト派が主流だったのを、四十年代後半からタカ派を主流とする方向に、任命手続きによって変えました。その結果、猿払事件を始めとする公務員の政治的自由に関する無罪判決は、昭和四十九年の最高裁大法廷で一一対四という大差でくつがえされまして、全面・一律禁止は合憲、従って全て有罪ということになったのです。私は鑑定意見書だけでなしに、検察側の上告理由書にも反対だったものですから、オーバーな言い方ですが、当時熱情を傾けて無罪とすべきだという理由を、いろいろ論文等で述べたりしましたので、この判決には大変失望したわけです。

芦部信喜先生記念講演録と日本国憲法

プロ野球のテレビを見ていますと、よく、あの一球で、或いはあのホームランで、流れが例えば巨人からヤクルトに変わったとかいうような解説を耳にしますが、あれと同じに判例にも大きな流れがあります。猿払事件最高裁判決は、憲法判例の流れのリベラルな側面の息の根を止めるような、一つの大きな役割を果たした判決なのです。

これは一つの例ですが、要するに昭和二十年代から昭和三十年代にかけて人権の制限の必要性を声高に叫んでいた初期の時代の憲法改正論の主張は、実際には殆ど意味がなくなってしまった、ということが出来ると思うのです。

◎二十一世紀の世界へ　第九条の精神を

問題は、従来の改憲論の最大の焦点と言われた再軍備の主張です。これが天皇制や人権の問題と比べて特に問題である理由は次の二つです。

第一は、通常の解釈に従えば、再軍備するには憲法九条を改正しなければならないことです。天皇制の強化とか人権について公共の福祉を重視するという主張は、今の憲法のままでも、解釈によってカバー出来ます。しようと思えば出来るのです。法律の解釈は論理的で、出来る限り客観的でなければならないのですが、一つの解釈が絶対に正しいというわけではありません。しかし、法律の文言からいっても、その趣旨や目的から考えても、許されないのではないか、と思われる解釈が実際にまかり通る場合があります。憲法は普通の法律と違って、政治との関わりが大きいものですから、どこの国でも憲法の規定と憲法の現実、条文と事実との矛盾が起こるわけです。日本の場合、憲法九条がそ

- 23 -

芦部信喜先生記念講演録と日本国憲法

れに当たるのではないか、というのが憲法学界の支配的な見解です。憲法九条は明らかに「戦力」を放棄しています。戦力とは、国内の治安維持を目的とする警察力以外の、国家を外国の侵略から防衛するための実力部隊、また有事の際にそれに転換できる実力部隊を言うわけですから、自衛隊は「戦力」と言わざるを得ない、ということになるからです。

　たしかに日本政府が、アメリカとの関係で警察予備隊から、続いて保安隊、そして昭和二十九年に自衛隊を創設しなければならなくなった事情は理解できます。そしてそれを合憲だと説明するために政府が大変苦心したことも分かります。しかし、自衛隊はその目的から言っても、装備、編成から言っても、「戦力」でないと言い切ることは、大変難しいのです。ところが、昭和三十年、新しく誕生した自民党の鳩山政権は、日本には自衛隊がある、自衛権がある以上、それを裏付けるための実力部隊がなければならない、その実力部隊は自衛のための必要最小限のものであるから、自衛力、防衛力であって、憲法九条で保持を禁止されている「戦力」ではない。こういう新しい憲法解釈を打ち出しました。この解釈は、皆さんもご存知と思いますが、今日まで政府のずっと続いた公定解釈になっております。

　昨年七月二十日に、社会党委員長の村山富市首相が、突如、「自衛のための必要最小限度の実力部隊である自衛隊は、憲法の認めるもの」だという新解釈を打ち出して、従来の社会党の基本政策を根底から変更する政策転換を行い、多数の国民を驚かせました。驚かせましたが、これがなければ自社連立政権は崩壊してしまった訳です。しかし、自衛権があれば当然に現在の自衛隊程度の防衛力が認められるのか、そのこと自体かなり大きな疑問があります。日本国

芦部信喜先生記念講演録と日本国憲法

憲法が制定された当時、吉田茂総理は議会で、日本の自衛権は「武力なき自衛権」であると説明しましたが、戦力を放棄してしまった以上、それが正当な解釈と考えるべきだ、という意見が学界では現在でも大変有力ですが、それも十分理由があるのです。

私の指導教授であった、先ほども触れました宮沢俊義先生は、今から約二十年前、一九七六年に亡くなられましたが、その直前に書かれたものの中で、こう述べておられます。「日本国憲法は、過去三十年の間に、日本国民の間に定着したといわれる。憲法改正論もいささか下火になったように見える。しかし、憲法を『尊重し擁護する』という看板はそのままにしておきながら、その下で、たくみに憲法をもぐるならわしが生まれつつあるようである。憲法を裏からもぐるよりは、本当に改正の必要な点があれば、表から改正を唱えたほうがいい。そのことを憲法は教えていると思う。」

この「憲法を裏からもぐるならわし」というのは、政府が説いてきた自衛隊合憲論を指していることは明らかであります。

私も、先ほど護憲の立場をとってきたと申しましたが、それは憲法改正をタブー視する立場とは全く違います。改正が必要な場合は表から改正を主張し、国民の多数決でそれを決める、ということを、一方で当然のこととして前提においた考え方です。宮沢先生と同じ趣旨のことを私も何回か書いてきました。 しかし仮に、表から憲法九条を改正して日本が再軍備する、と言っても、それは現在の自衛隊を合憲なものとして認めるということ、つまり憲法九条の戦力の無条件放棄の規定を改めるということですが、そういう再軍備の主張には、もう一つ大きな問題があります。

芦部信喜先生記念講演録と日本国憲法

　皆さんもご存知のとおり、東欧諸国の社会主義体制の崩壊に始まるソ連邦の解体という劇的な事件が起きまして、昭和二十三年の暮頃から始まった東西の冷たい戦争は終わりを告げました。終わったのですが、世界のあちこちで民族紛争は絶えません。そして一九九〇年から九一年にかけての中東湾岸危機と湾岸戦争を契機に、日本の国際貢献の必要性が強調されるようになりまして、一九九二年（平成四年）いわゆるPKO協力法が成立することになりました。自衛隊の海外出動という、少なくとも戦後四十年間、憲法との関連で、考えもしなかった、また考えることも出来なかった事態が生まれたのです。それまでは、自衛隊の任務は国土を防衛することに限定されていましたので、国連から日本に対して自衛隊の派遣要請はしばしばありましたけれども、政府はそれを拒否し、経済的援助と選挙監視団への文民参加の面だけで国連協力をしてきたのですが、その方針が大きく転換した訳です。これを自衛隊法の改正という手続きだけで行うことが出来るのか、そのこと自体大きな問題です。

　しかし、一方で、東西冷戦の終結によって、世界はいま軍縮の方向に動きつつあります。また、大国主導の国際連合のあり方を改革すべきだという声も一段と強まってきております。PKO活動のありかたも、最近新聞でよく報じられているとおり、再検討を迫られています。それだけではなく、終戦五十年になってなお、日本はまだ戦後補償の問題など、はっきりと解決しておりません。数年前の朝日新聞の社説に、「あの戦争に関して、日本人はとかく被害者の視点に立ちがち」で、「加害者の意識が見事に欠落している」こと、だから教科書も「戦争はいけないもの、人間はたがいに仲良く暮らさなければならないなど抽象的な記述で簡単にすませている」こと、などが指摘されているのを読み

芦部信喜先生記念講演録と日本国憲法

まして、私は当時深く考えさせられ、小さな文章を書いたことがあります。当時私は教科書検定で、憲法九条に関する記述につきまして、非常に細かく文句をつけられておりましたので、そういうことも関係していたのかも知れません。

しかし、それから七、八年もたったにもかかわらず、終戦五十年というのに、なお、加害者として被害者であるアジア諸国に対して、侵略戦争の謝罪をする事をためらい、全く中途半端な「戦後五十年国会決議」しか出来ないような状態にあります。こういう揺れ動きつつある国際情勢、国内情勢の下で、いま日本が、憲法九条を改正して、自衛の軍隊を正式に保有することが出来るようにする、そして、その自衛の軍隊がＰＫＯ活動のため海外にも出動が出来るようにする、こういう憲法改正が、二一世紀を展望して考えたときに、果たして日本が自らの針路を世界に向けて発信する妥当な政策と言えるのだろうか。私にはそれが大きな疑問に思えてならないのです。

たしかに国民意識は、すっかり変わりました。一つの世論調査だけでは、正確なことは言えませんが、今年の八月上旬の日本経済新聞社が行った調査によりますと、憲法を改正すべきだという意見が五〇％になっております。現在のままでよいという意見の四三％を七％も上回っているのです。ただ大変興味深いと言いますか、重要なことは、年代別で大きく違いがあることです。二十歳代をみますと五九％、三十歳代と四十歳代では五五％が改正に賛成であるのに対して、六十歳代は四二％、七十歳代は三五％しか賛成者はおりません。戦争を体験した世代と、しない世代の違いが、この調査では浮き彫りにされているわけであります。また、自衛隊のあり方についての意見をみますと、現状のままでよいが五七・四％、自衛隊はＰＫＯに積極的に参加すべきだとの意見は四

- 27 -

芦部信喜先生記念講演録と日本国憲法

二・八％にのぼっています。しかし、国民の世論といいますか、憲法意識は大変複雑です。昨年の暮れに朝日新聞が行った世論調査では、「戦後日本が平和だった理由」という質問項目に対して、最も多かった答は、「平和憲法」の二五％、次が「悲惨な戦争体験」の二四％でした。これを合わせると四九％の人が、戦争体験とか、日本国憲法の平和主義、これが戦後日本の平和を支えてきた理由だと考えていることが判ります。日本のめざましい経済成長、今日の経済大国も、憲法九条の存在なくしては、おそらく実現されなかったのではないでしょうか。憲法九条の歯止めがあったからこそ実現できたのです。

　私は、先ほどお話した国際情勢とか、国内情勢とか、国民の憲法意識とか、諸々の事情と二一世紀の世界が直面するであろう人口問題、環境破壊や貧困の問題、民族紛争問題などを考え合わせますと、憲法九条については、二十年前に宮沢先生が、「憲法を裏からもぐるよりは、表から改正を唱えるほうがいい」とおっしゃったような考え方は、現状にはそぐわないのではないか、と考えたりしております。私は、人類の理想を先取りして戦争放棄と非武装を謳った憲法九条は改正しないで、その理想に、日本はもとより世界の諸国が少しでも近づくことが出来るよう、日本が先導的な役割をつとめる、たとえば、いま問題となっている核実験の停止、さらに核兵器廃絶に向けて積極的に努力する、そういう外交を世界に向けて最も強力に出来るのは、日本をおいて他にはないのではないか、と思うのです。

　もちろん、自衛隊が生まれてから四十年も経過しているという既成事実の重み、これを考慮に入れなければ、片手落ちです。先ほど触れた日本経済新聞の世論調査によりますと、現在の憲法で最も問題だと思う点、という項目で一番

芦部信喜先生記念講演録と日本国憲法

多かったのは、「憲法第九条と自衛隊の存在との整合性がとれていない」という項目で、約二四％を占めていますので、何か自衛隊の存在に割り切れないものを感じている国民も相当数いるわけですが、そういう国民を含めて、今日では約八割から九割近くの国民は、自衛隊を肯定的に受けとけていると思われます。ただ、この日本経済新聞の世論調査では、「自衛隊のあり方について」は、「現状のままでよい」が五七％、それから「縮小すべきだ」が二五％ですから、縮小論も決して少なくないことが注目すべき点だと思います。

　そこで問題は、…時間が終わりに近付きましたが…私が先に申した憲法九条の不戦と非武装の理想を生かす積極的な平和外交を進めるべきだという考え方と、この自衛隊の存在とは結びつくのかどうか、矛盾するのではないのか、ということです。今までの日本の憲法学の支配的な学説によれば、先ほども説明しましたが、九条と自衛隊とは両立しません。九条は非武装の平和主義を基本にしている、という立場をそのまま維持しながら、自衛隊の存在も肯定する、そういう解釈を採るためには、今までの支配的な学説と全く違う視点から、九条を見直さなければならないのです。

　私は昨年七月、社会党が政策転換した頃から今年にかけて、この問題にこだわっています。そして、だいぶ昔のことですが一九五三年に、高柳賢三という、イギリス・アメリカの法、これを英米法と言いますが、この英米法という学問の偉大な学者として大変有名な先生が説いた憲法九条論を思い起こしているのです。一九五三年の当時は、警察力以外の実力部隊は「戦力」であって、憲法九条二項によって日本は保持することができない、という解釈が、先ほども

芦部信喜先生記念講演録と日本国憲法

述べましたように支配的でしたが、高柳先生はそれと全く違う、次のような見解を説かれたのです。

「憲法の規範には、為政者を直ちに義務づける現実的な規範の他に、理想を表明する理想的規範がある。この理想的規範の条文の字句の一つ一つからは法的効果を引き出すことは出来ない。憲法九条は理想的規範であって、そこに定められた戦争放棄、戦力不保持、交戦権否認は、原子力時代における為政者の理想ないし目標としては正しい提言であり、為政者は戦争の廃止、非武装主義を実現する努力を忘れるべきではないけれども、現在の国際情勢の下では、国家の安全について国民に重大な責任を負う為政者を直ちに法的に義務づける、すなわち、外国からの侵略の脅威に対して戦力を持つことを為政者に禁止している、と解することは出来ない。このように九条は、理想と現実に分けて解釈する方法で考えると、『平和の意志』を表明した国際的政治宣言…マニフェスト…と解される。」こういう考え方です。高柳先生のこの九条解釈は、政治的マニフェスト説とか政治的宣言説とか呼ばれておりますが、要するに九条は理想的な規範であって、為政者、つまり国会ないし内閣、これを法的に拘束する規範性を認めることは出来ない、という解釈です。

たしかに、憲法の条文に国家の進むべき目標を掲げる国もあります。それは目標ですから法的な拘束力はありません。私は、九条はそういう単なる政治的な宣言、政策宣言ではなくて、為政者を法的に拘束する規範だと今まで考えてきたのですが、そう考えますと、憲法を改正するか、自衛隊を解消する方向で考えるか、しない限り、憲法の規範と現実との矛盾を解くことは出来ません。しかし、核兵器廃絶とか、国連改革とか、さらに日米安保の見直しとか、二十

芦部信喜先生記念講演録と日本国憲法

一世紀へ向けて日本が世界に対してメッセージを送る基盤になるのは、非武装平和の憲法をおいて他にありません。そこで、それをより強く世界に訴えていく、しかし一方で必要最小限の自衛力も当分の間、暫定的に認める、そういう立場を採るためには、<u>政治的マニフェスト説の今日的意義を再検討しなければならないのではなかろうか、</u>私はそう考えるようになりました。

不戦の誓い、非武装の理想、これを堅持することによってはじめて、一人の憲法学者として、あの戦争で尊い生命を絶った犠牲者の方々に対し、鎮魂の誠を捧げる道が開けるのではなかろうか、そう思っているのです。

どうもご静聴有り難うございました。

［司会］

どうも先生、長時間有り難うございました。

木下教養委員長より、御礼の言葉を申し上げたいと存じます。

芦部信喜先生記念講演録と日本国憲法

日本国憲法
The Constitution of Japan

（昭和二十一年十一月三日憲法）

(Constitution of Nov. 3, 1946)

　日本国民は、正当に選挙された国会における代表者を通じて行動し、われらとわれらの子孫のために、諸国民との協和による成果と、わが国全土にわたつて自由のもたらす恵沢を確保し、政府の行為によつて再び戦争の惨禍が起ることのないやうにすることを決意し、ここに主権が国民に存することを宣言し、この憲法を確定する。そもそも国政は、国民の厳粛な信託によるものであつて、その権威は国民に由来し、その権力は国民の代表者がこれを行使し、その福利は国民がこれを享受する。これは人類普遍の原理であり、この憲法は、かかる原理に基くものである。われらは、これに反する一切の憲法、法令及び詔勅を排除する。

We, the Japanese people, acting through our duly elected representatives in the National Diet, determined that we shall secure for ourselves and our posterity the fruits of peaceful cooperation with all nations and the blessings of liberty throughout this land, and resolved that never again shall we be visited with the horrors of war through the action of government, do proclaim that sovereign power resides with the people and do firmly establish this Constitution.

芦部信喜先生記念講演録と日本国憲法

Government is a sacred trust of the people, the authority for
which is derived from the people, the powers of which are
exercised by the representatives of the people, and the benefits
of which are enjoyed by the people. This is a universal
principle of mankind upon which this Constitution is founded.
We reject and revoke all constitutions, laws, ordinances, and
rescripts in conflict herewith.

　日本国民は、恒久の平和を念願し、人間相互の関係を支配する
崇高な理想を深く自覚するのであつて、平和を愛する諸国民の公
正と信義に信頼して、われらの安全と生存を保持しようと決意し
た。われらは、平和を維持し、専制と隷従、圧迫と偏狭を地上か
ら永遠に除去しようと努めてゐる国際社会において、名誉ある地
位を占めたいと思ふ。われらは、全世界の国民が、ひとしく恐怖
と欠乏から免かれ、平和のうちに生存する権利を有することを確
認する。

We, the Japanese people, desire peace for all time and are
deeply conscious of the high ideals controlling human
relationship, and we have determined to preserve our security
and existence, trusting in the justice and faith of the
peace-loving peoples of the world. We desire to occupy an
honored place in an international society striving for the
preservation of peace, and the banishment of tyranny and
slavery, oppression and intolerance for all time from the earth.

芦部信喜先生記念講演録と日本国憲法

We recognize that all peoples of the world have the right to live in peace, free from fear and want.

　われらは、いづれの国家も、自国のことのみに専念して他国を無視してはならないのであつて、政治道徳の法則は、普遍的なものであり、この法則に従ふことは、自国の主権を維持し、他国と対等関係に立たうとする各国の責務であると信ずる。

　We believe that no nation is responsible to itself alone, but that laws of political morality are universal; and that obedience to such laws is incumbent upon all nations who would sustain their own sovereignty and justify their sovereign relationship with other nations.

　日本国民は、国家の名誉にかけ、全力をあげてこの崇高な理想と目的を達成することを誓ふ。

　We, the Japanese people, pledge our national honor to accomplish these high ideals and purposes with all our resources.

第一章　天　　皇
CHAPTER I. THE EMPEROR

第一条　天皇は、日本国の象徴であり日本国民統合の象徴であつて、この地位は、主権の存する日本国民の総意に基く。

- 34 -

芦部信喜先生記念講演録と日本国憲法

Article 1. **The Emperor shall be** the symbol of the State and of the unity of the people, deriving his position from the will of the people with whom resides sovereign power.

第二条　皇位は、世襲のものであつて、国会の議決した皇室典範の定めるところにより、これを継承する。

Article 2. **The Imperial Throne shall be** dynastic and succeeded to in accordance with the Imperial House Law passed by the Diet.

第三条　天皇の国事に関するすべての行為には、内閣の助言と承認を必要とし、内閣が、その責任を負ふ。

Article 3. The advice and approval of the Cabinet shall be required **for all acts of the Emperor in matters of state**, and the Cabinet shall be responsible therefor.

第四条　天皇は、この憲法の定める国事に関する行為のみを行ひ、**国政に関する権能を有しない。**

Article 4. The Emperor shall perform only such acts in matters of state as are provided for in this Constitution and **he shall not have powers related to government.**

　天皇は、法律の定めるところにより、その国事に関する行為を委任することができる。

芦部信喜先生記念講演録と日本国憲法

The Emperor may delegate the performance of his acts in matters of state as may be provided by law.

第五条　皇室典範の定めるところにより摂政を置くときは、摂政は、天皇の名でその国事に関する行為を行ふ。この場合には、前条第一項の規定を準用する。

Article 5. When, in accordance with **the Imperial House Law,** a Regency is established, the Regent shall perform his acts in matters of state in the Emperor's name. In this case, paragraph one of the preceding article will be applicable.

第六条　天皇は、国会の指名に基いて、内閣総理大臣を任命する。

Article 6. The Emperor shall appoint the Prime Minister as designated by the Diet.

天皇は、内閣の指名に基いて、最高裁判所の長たる裁判官を任命する。

The Emperor shall appoint the Chief Judge of the Supreme Court as designated by the Cabinet.

第七条　天皇は、内閣の助言と承認により、国民のために、左の国事に関する行為を行ふ。

Article 7. **The Emperor,** with the advice and approval of the Cabinet, shall perform the following acts in matters of state on behalf of the people:

芦部信喜先生記念講演録と日本国憲法

一　憲法改正、法律、政令及び条約を公布すること。

Promulgation of amendments of the constitution, laws, cabinet orders and treaties.

二　国会を召集すること。

Convocation of the Diet.

三　衆議院を解散すること。

Dissolution of the House of Representatives.

四　国会議員の総選挙の施行を公示すること。

Proclamation of general election of members of the Diet.

五　国務大臣及び法律の定めるその他の官吏の任免並びに全権委任状及び大使及び公使の信任状を認証すること。

Attestation of the appointment and dismissal of Ministers of State and other officials as provided for by law, and of full powers and credentials of Ambassadors and Ministers.

六　大赦、特赦、減刑、刑の執行の免除及び復権を認証すること。

Attestation of general and special amnesty, commutation of punishment, reprieve, and restoration of rights.

七　栄典を授与すること。

Awarding of honors.

八　批准書及び法律の定めるその他の外交文書を認証すること。

芦部信喜先生記念講演録と日本国憲法

Attestation of instruments of ratification and other diplomatic documents as provided for by law.

九　外国の大使及び公使を接受すること。

Receiving foreign ambassadors and ministers.

十　儀式を行ふこと。

Performance of ceremonial functions.

第八条　皇室に財産を譲り渡し、又は皇室が、財産を譲り受け、若しくは賜与することは、国会の議決に基かなければならない。

Article 8. No property can be given to, or received by, the Imperial House, nor can any gifts be made therefrom, without the authorization of the Diet.

第二章　戦争の放棄
CHAPTER II. RENUNCIATION OF WAR

第九条　日本国民は、正義と秩序を基調とする国際平和を誠実に希求し、国権の発動たる戦争と、武力による威嚇又は武力の行使は、国際紛争を解決する手段としては、永久にこれを放棄する。

Article 9. Aspiring sincerely to an international peace based on justice and order, the Japanese people forever renounce war as a sovereign right of the nation and the threat or use of force as means of settling international disputes.

芦部信喜先生記念講演録と日本国憲法

前項の目的を達するため、**陸海空軍その他の戦力は、これを保持しない。国の交戦権は、これを認めない。**

In order to accomplish the aim of the preceding paragraph, land, sea, and air forces, as well as other war potential, will never be maintained. The right of belligerency of the state will not be recognized.

第三章　国民の権利及び義務
CHAPTER III. RIGHTS AND DUTIES OF THE PEOPLE

第十条　日本国民たる要件は、法律でこれを定める。

Article 10. The conditions necessary for being a Japanese national shall be determined by law.

第十一条　国民は、すべての基本的人権の享有を妨げられない。この憲法が国民に保障する基本的人権は、侵すことのできない永久の権利として、現在及び将来の国民に与へられる。

Article 11. The people shall not be prevented from enjoying any of the fundamental human rights. These fundamental human rights guaranteed to the people by this Constitution shall be conferred upon the people of this and future generations as eternal and inviolate rights.

芦部信喜先生記念講演録と日本国憲法

第十二条 この憲法が国民に保障する自由及び権利は、国民の不断の努力によつて、これを保持しなければならない。又、国民は、これを濫用してはならないのであつて、常に公共の福祉のためにこれを利用する責任を負ふ。

Article 12. The freedoms and rights guaranteed to the people by this Constitution shall be maintained by the constant endeavor of the people, who shall refrain from any abuse of these freedoms and rights and shall always be responsible for utilizing them **for the public welfare**.

第十三条 すべて国民は、個人として尊重される。生命、自由及び幸福追求に対する国民の権利については、公共の福祉に反しない限り、立法その他の国政の上で、最大の尊重を必要とする。

Article 13. All of the people shall be respected as individuals. Their right to life, liberty, and the pursuit of happiness shall, to the extent that it does not interfere with the public welfare, be the supreme consideration in legislation and in other governmental affairs.

第十四条 すべて国民は、法の下に平等であつて、人種、信条、性別、社会的身分又は門地により、政治的、経済的又は社会的関係において、差別されない。

Article 14. All of the people are equal under the law and there shall be no discrimination in political, economic or social relations because of race, creed, sex, social status or family origin.

　華族その他の貴族の制度は、これを認めない。

Peers and peerage shall not be recognized.

　栄誉、勲章その他の栄典の授与は、いかなる特権も伴はない。栄典の授与は、現にこれを有し、又は将来これを受ける者の一代に限り、その効力を有する。

No privilege shall accompany any award of honor, decoration or any distinction, nor shall any such award be valid beyond the lifetime of the individual who now holds or hereafter may receive it.

第十五条　公務員を選定し、及びこれを**罷免**することは、国民固有の権利である。

Article 15. The people have the inalienable right to choose their public officials and to dismiss them.

　すべて公務員は、全体の奉仕者であつて、一部の奉仕者ではない。

All public officials are servants of the whole community and not of any group thereof.

　公務員の選挙については、成年者による普通選挙を保障する。

Universal adult suffrage is guaranteed with regard to the election of public officials.

芦部信喜先生記念講演録と日本国憲法

すべて選挙における投票の秘密は、これを侵してはならない。選挙人は、その選択に関し公的にも私的にも責任を問はれない。

In all elections, secrecy of the ballot shall not be violated. A voter shall not be answerable, publicly or privately, for the choice he has made.

第十六条　何人も、損害の救済、公務員の罷免、法律、命令又は規則の制定、廃止又は改正その他の事項に関し、平穏に**請願**する権利を有し、何人も、かかる請願をしたためにいかなる差別待遇も受けない。

Article 16. **Every person** shall have the right of peaceful petition for the redress of damage, for the removal of public officials, for the enactment, repeal or amendment of laws, ordinances or regulations and for other matters; nor shall any person be in any way discriminated against for sponsoring such a petition.

第十七条　何人も、**公務員の不法行為**により、損害を受けたときは、法律の定めるところにより、国又は公共団体に、その**賠償**を求めることができる。

Article 17. **Every person** may sue for redress as provided by law from the State or a public entity, in case he has suffered damage through **illegal act** of any public official.

- 42 -

芦部信喜先生記念講演録と日本国憲法

第十八条　何人も、いかなる**奴隷的拘束**も受けない。又、犯罪に
　　因る処罰の場合を除いては、その意に反する**苦役**に服させられ
　　ない。

Article 18. **No person** shall be held in bondage of any kind.
　　Involuntary servitude, except as punishment for crime, is
　　prohibited.

第十九条　思想及び良心の自由は、これを侵してはならない。

Article 19. **Freedom of thought and conscience** shall not be
violated.

第二十条　**信教の自由**は、何人に対してもこれを保障する。いか
　　なる宗教団体も、国から特権を受け、又は政治上の権力を行使
　　してはならない。

Article 20. **Freedom of religion** is guaranteed to all. No
　　religious organization shall receive any privileges from the
　　State, nor exercise any political authority.

　　　何人も、宗教上の行為、祝典、儀式又は行事に参加すること
を強制されない。

　　　No person shall be compelled to take part in any religious
act, celebration, rite or practice.

　　　国及びその機関は、宗教教育その他いかなる宗教的活動もし
てはならない。

- 43 -

芦部信喜先生記念講演録と日本国憲法

The State and its organs shall refrain from religious education or any other religious activity.

第二十一条　集会、結社及び言論、出版その他一切の表現の自由は、これを保障する。

Article 21. Freedom of assembly and association as well as speech, press and all other forms of expression **are guaranteed.**

検閲は、これをしてはならない。通信の秘密は、これを侵してはならない。

No censorship shall be maintained, nor shall the secrecy of any means of communication be violated.

第二十二条　何人も、公共の福祉に反しない限り、居住、移転及び職業選択の自由を有する。

Article 22. **Every person** shall have freedom to choose and change his residence and to choose his occupation to the extent that it does not interfere with the public welfare.

何人も、外国に移住し、又は国籍を離脱する自由を侵されない。

Freedom of all persons to move to a foreign country and to divest themselves of their nationality **shall be inviolate.**

第二十三条　学問の自由は、これを保障する。

芦部信喜先生記念講演録と日本国憲法

Article 23. Academic freedom is guaranteed.

第二十四条　**婚姻は**、両性の合意のみに基いて成立し、夫婦が同
　　等の権利を有することを基本として、相互の協力により、維持
　　されなければならない。

Article 24. **Marriage** shall be based only on the mutual consent
　　of both sexes and it shall be maintained through mutual
　　cooperation with the equal rights of husband and wife as a
　　basis.

　　配偶者の選択、財産権、相続、住居の選定、離婚並びに婚姻
　　及び家族に関するその他の事項に関しては、法律は、個人の尊
　　厳と両性の本質的平等に立脚して、制定されなければならない。

　　With regard to choice of spouse, property rights,
　　inheritance, choice of domicile, divorce and other matters
　　pertaining to marriage and the family, laws shall be enacted
　　from the standpoint of individual dignity and the essential
　　equality of the sexes.

第二十五条　**すべて国民は、健康で文化的な最低限度の生活を営
む権利を有する。**

Article 25. All people shall have the right to maintain the
　　minimum standards of wholesome and cultured living.

　　国は、すべての生活部面について、社会福祉、社会保障及び
　　公衆衛生の向上及び増進に努めなければならない。

- 45 -

芦部信喜先生記念講演録と日本国憲法

In all spheres of life, the State shall use its endeavors for the promotion and extension of social welfare and security, and of public health.

第二十六条　すべて国民は、法律の定めるところにより、その能力に応じて、ひとしく教育を受ける権利を有する。

Article 26. All people shall have the right to receive an equal education correspondent to their ability, as provided by law.

すべて国民は、法律の定めるところにより、その保護する子女に普通教育を受けさせる義務を負ふ。義務教育は、これを無償とする。

All people shall be obligated to have all boys and girls under their protection receive ordinary education as provided for by law. Such compulsory education shall be free.

第二十七条　すべて国民は、勤労の権利を有し、義務を負ふ。

Article 27. All people shall have the right and the obligation to work.

賃金、就業時間、休息その他の勤労条件に関する基準は、法律でこれを定める。

Standards for wages, hours, rest and other working conditions shall be fixed by law.

児童は、これを酷使してはならない。

Children shall not be exploited.

第二十八条　勤労者の団結する権利及び団体交渉その他の団体行動をする権利は、これを保障する。

Article 28. The right of workers to organize and to bargain and act collectively is guaranteed.

第二十九条　財産権は、これを侵してはならない。

Article 29. The right to own or to hold property is inviolable.

財産権の内容は、公共の福祉に適合するやうに、法律でこれを定める。

Property rights shall be defined by law, in conformity with the public welfare.

私有財産は、正当な補償の下に、これを公共のために用ひることができる。

Private property may be taken for public use upon just compensation therefor.

第三十条　国民は、法律の定めるところにより、納税の義務を負ふ。

Article 30. The people shall be liable to taxation as provided by law.

芦部信喜先生記念講演録と日本国憲法

第三十一条 何人も、法律の定める手続によらなければ、その生命若しくは自由を奪はれ、又はその他の刑罰を科せられない。

Article 31. No person shall be deprived of life or liberty, nor shall any other criminal penalty be imposed, except according to procedure established by law.

第三十二条 何人も、裁判所において裁判を受ける権利を奪はれない。

Article 32. No person shall be denied the right of access to the courts.

第三十三条 何人も、現行犯として逮捕される場合を除いては、権限を有する司法官憲が発し、且つ理由となつてゐる犯罪を明示する令状によらなければ、逮捕されない。

Article 33. No person shall be apprehended except upon warrant issued by a competent judicial officer which specifies the offense with which the person is charged, unless he is apprehended, the offense being committed.

第三十四条 何人も、理由を直ちに告げられ、且つ、直ちに弁護人に依頼する権利を与へられなければ、抑留又は拘禁されない。又、何人も、正当な理由がなければ、拘禁されず、要求があれば、その理由は、直ちに本人及びその弁護人の出席する公開の法廷で示されなければならない。

- 48 -

芦部信喜先生記念講演録と日本国憲法

Article 34. No person shall be arrested or detained without being at once informed of the charges against him or without the immediate privilege of counsel; nor shall he be detained without adequate cause; and upon demand of any person such cause must be immediately shown in open court in his presence and the presence of his counsel.

第三十五条　何人も、その住居、書類及び所持品について、侵入、捜索及び押収を受けることのない権利は、第三十三条の場合を除いては、正当な理由に基いて発せられ、且つ捜索する場所及び押収する物を明示する令状がなければ、侵されない。

Article 35. The right of all persons to be secure in their homes, papers and effects against entries, searches and seizures shall not be impaired except upon warrant issued for adequate cause and particularly describing the place to be searched and things to be seized, or except as provided by Article 33.

　捜索又は押収は、権限を有する司法官憲が発する各別の令状により、これを行ふ。

　Each search or seizure shall be made upon separate warrant issued by a competent judicial officer.

第三十六条　公務員による拷問及び残虐な刑罰は、絶対にこれを禁ずる。

芦部信喜先生記念講演録と日本国憲法

Article 36. The infliction of torture by any public officer and cruel punishments are absolutely forbidden.

第三十七条　すべて刑事事件においては、被告人は、公平な裁判所の迅速な公開裁判を受ける権利を有する。

Article 37. In all criminal cases the accused shall enjoy the right to a speedy and public trial by an impartial tribunal.

　刑事被告人は、すべての証人に対して審問する機会を充分に与へられ、又、公費で自己のために強制的手続により証人を求める権利を有する。

He shall be permitted full opportunity to examine all witnesses, and he shall have the right of compulsory process for obtaining witnesses on his behalf at public expense.

　刑事被告人は、いかなる場合にも、資格を有する弁護人を依頼することができる。被告人が自らこれを依頼することができないときは、国でこれを附する。

At all times the accused shall have the assistance of competent counsel who shall, if the accused is unable to secure the same by his own efforts, be assigned to his use by the State.

第三十八条　何人も、自己に不利益な供述を強要されない。

Article 38. No person shall be compelled to testify against himself.

芦部信喜先生記念講演録と日本国憲法

強制、拷問若しくは脅迫による自白又は不当に長く抑留若しくは拘禁された後の自白は、これを証拠とすることができない。

Confession made under compulsion, torture or threat, or after prolonged arrest or detention shall not be admitted in evidence.

何人も、自己に不利益な唯一の証拠が本人の自白である場合には、有罪とされ、又は刑罰を科せられない。

No person shall be convicted or punished in cases where the only proof against him is his own confession.

第三十九条　何人も、実行の時に適法であつた行為又は既に無罪とされた行為については、刑事上の責任を問はれない。又、同一の犯罪について、重ねて刑事上の責任を問はれない。

Article 39. No person shall be held criminally liable for an act which was lawful at the time it was committed, or of which he has been acquitted, nor shall he be placed in double jeopardy.

第四十条　何人も、抑留又は拘禁された後、無罪の裁判を受けたときは、法律の定めるところにより、国にその補償を求めることができる。

Article 40. Any person, in case he is acquitted after he has been arrested or detained, may sue the State for redress as provided by law.

芦部信喜先生記念講演録と日本国憲法

第四章　国　　会
CHAPTER IV. THE DIET

第四十一条　国会は、国権の最高機関であつて、国の唯一の立法機関である。

Article 41. The Diet shall be the highest organ of state power, and shall be the sole law-making organ of the State.

第四十二条　国会は、衆議院及び参議院の両議院でこれを構成する。

Article 42. The Diet shall consist of two Houses, namely the House of Representatives and the House of Councillors.

第四十三条　両議院は、全国民を代表する選挙された議員でこれを組織する。

Article 43. Both Houses shall consist of elected members, representative of all the people.

　　両議院の議員の定数は、法律でこれを定める。

　　The number of the members of each House shall be fixed by law.

芦部信喜先生記念講演録と日本国憲法

第四十四条　両議院の議員及びその選挙人の資格は、法律でこれ
を定める。但し、人種、信条、性別、社会的身分、門地、教育、
財産又は収入によつて差別してはならない。

Article 44. The qualifications of members of both Houses and
their electors shall be fixed by law. However, there shall be
no discrimination because of race, creed, sex, social status,
family origin, education, property or income.

第四十五条　衆議院議員の任期は、四年とする。但し、衆議院解
散の場合には、その期間満了前に終了する。

Article 45. The term of office of members of the House of
Representatives shall be four years. However, the term shall
be terminated before the full term is up in case the House of
Representatives is dissolved.

第四十六条　参議院議員の任期は、六年とし、三年ごとに議員の
半数を改選する。

Article 46. The term of office of members of the House of
Councillors shall be six years, and election for half the
members shall take place every three years.

第四十七条　選挙区、投票の方法その他両議院の議員の選挙に関
する事項は、法律でこれを定める。

芦部信喜先生記念講演録と日本国憲法

Article 47. Electoral districts, method of voting and other
matters pertaining to the method of election of members of
both Houses shall be fixed by law.

第四十八条　何人も、同時に両議院の議員たることはできない。
Article 48. No person shall be permitted to be a member of
both Houses simultaneously.

第四十九条　両議院の議員は、法律の定めるところにより、国庫
から相当額の歳費を受ける。
Article 49. Members of both Houses shall receive appropriate
annual payment from the national treasury in accordance
with law.

第五十条　両議院の議員は、法律の定める場合を除いては、国会
の会期中逮捕されず、会期前に逮捕された議員は、その議院の
要求があれば、会期中これを釈放しなければならない。
Article 50. Except in cases provided by law, members of both
Houses shall be exempt from apprehension while the Diet is
in session, and any members apprehended before the
opening of the session shall be freed during the term of the
session upon demand of the House.

芦部信喜先生記念講演録と日本国憲法

第五十一条　両議院の議員は、議院で行つた演説、討論又は表決について、院外で責任を問はれない。

Article 51. Members of both Houses shall not be held liable outside the House for speeches, debates or votes cast inside the House.

第五十二条　国会の常会は、毎年一回これを召集する。

Article 52. An ordinary session of the Diet shall be convoked once per year.

第五十三条　内閣は、国会の臨時会の召集を決定することができる。いづれかの議院の総議員の四分の一以上の要求があれば、内閣は、その召集を決定しなければならない。

Article 53. The Cabinet may determine to convoke extraordinary sessions of the Diet. When a quarter or more of the total members of either House makes the demand, the Cabinet must determine on such convocation.

第五十四条　衆議院が解散されたときは、解散の日から四十日以内に、衆議院議員の総選挙を行ひ、その選挙の日から三十日以内に、国会を召集しなければならない。

Article 54. When the House of Representatives is dissolved, there must be a general election of members of the House of Representatives within forty (40) days from the date of

芦部信喜先生記念講演録と日本国憲法

dissolution, and the Diet must be convoked within thirty
(30) days from the date of the election.

　衆議院が解散されたときは、参議院は、同時に閉会となる。
但し、内閣は、国に緊急の必要があるときは、参議院の緊急集
会を求めることができる。

When the House of Representatives is dissolved, the
House of Councillors is closed at the same time. However,
the Cabinet may in time of national emergency convoke the
House of Councillors in emergency session.

　前項但書の緊急集会において採られた措置は、臨時のもので
あつて、次の国会開会の後十日以内に、衆議院の同意がない場
合には、その効力を失ふ。

Measures taken at such session as mentioned in the
proviso of the preceding paragraph shall be provisional and
shall become null and void unless agreed to by the House of
Representatives within a period of ten (10) days after the
opening of the next session of the Diet.

第五十五条　両議院は、各々その議員の資格に関する争訟を裁判
　する。但し、議員の議席を失はせるには、出席議員の三分の二
　以上の多数による議決を必要とする。

Article 55. Each House shall judge disputes related to
　qualifications of its members. However, in order to deny a

芦部信喜先生記念講演録と日本国憲法

seat to any member, it is necessary to pass a resolution by a
majority of two-thirds or more of the members present.

第五十六条　両議院は、各々その総議員の三分の一以上の出席が
なければ、議事を開き議決することができない。

Article 56. Business cannot be transacted in either House
unless one-third or more of total membership is present.

　両議院の議事は、この憲法に特別の定のある場合を除いては、
出席議員の過半数でこれを決し、可否同数のときは、議長の決
するところによる。

All matters shall be decided, in each House, by a majority
of those present, except as elsewhere provided in the
Constitution, and in case of a tie, the presiding officer shall
decide the issue.

第五十七条　両議院の会議は、公開とする。但し、出席議員の三
分の二以上の多数で議決したときは、秘密会を開くことができ
る。

Article 57. Deliberation in each House shall be public.
However, a secret meeting may be held where a majority of
two-thirds or more of those members present passes a
resolution therefor.

- 57 -

芦部信喜先生記念講演録と日本国憲法

　両議院は、各々その会議の記録を保存し、秘密会の記録の中で特に秘密を要すると認められるもの以外は、これを公表し、且つ一般に頒布しなければならない。

Each House shall keep a record of proceedings. This record shall be published and given general circulation, excepting such parts of proceedings of secret session as may be deemed to require secrecy.

　出席議員の五分の一以上の要求があれば、各議員の表決は、これを会議録に記載しなければならない。

Upon demand of one-fifth or more of the members present, votes of the members on any matter shall be recorded in the minutes.

第五十八条　両議院は、各々その議長その他の役員を選任する。
Article 58. Each House shall select its own president and other officials.

　両議院は、各々その会議その他の手続及び内部の規律に関する規則を定め、又、院内の秩序をみだした議員を懲罰することができる。但し、議員を除名するには、出席議員の三分の二以上の多数による議決を必要とする。

Each House shall establish its rules pertaining to meetings, proceedings and internal discipline, and may punish members for disorderly conduct. However, in order to expel a member, a majority of two-thirds or more of those members present must pass a resolution thereon.

第五十九条　法律案は、この憲法に特別の定のある場合を除いては、両議院で可決したとき法律となる。

Article 59. A bill becomes a law on passage by both Houses, except as otherwise provided by the Constitution.

　衆議院で可決し、参議院でこれと異なつた議決をした法律案は、衆議院で出席議員の三分の二以上の多数で再び可決したときは、法律となる。

　A bill which is passed by the House of Representatives, and upon which the House of Councillors makes a decision different from that of the House of Representatives, becomes a law when passed a second time by the House of Representatives by a majority of two-thirds or more of the members present.

　前項の規定は、法律の定めるところにより、衆議院が、両議院の協議会を開くことを求めることを妨げない。

　The provision of the preceding paragraph does not preclude the House of Representatives from calling for the meeting of a joint committee of both Houses, provided for by law.

芦部信喜先生記念講演録と日本国憲法

　参議院が、衆議院の可決した法律案を受け取つた後、国会休会中の期間を除いて六十日以内に、議決しないときは、衆議院は、参議院がその法律案を否決したものとみなすことができる。

　Failure by the House of Councillors to take final action within sixty (60) days after receipt of a bill passed by the House of Representatives, time in recess excepted, may be determined by the House of Representatives to constitute a rejection of the said bill by the House of Councillors.

第六十条　予算は、さきに衆議院に提出しなければならない。
Article 60. The budget must first be submitted to the House of Representatives.

　予算について、参議院で衆議院と異なつた議決をした場合に、法律の定めるところにより、両議院の協議会を開いても意見が一致しないとき、又は参議院が、衆議院の可決した予算を受け取つた後、国会休会中の期間を除いて三十日以内に、議決しないときは、衆議院の議決を国会の議決とする。

　Upon consideration of the budget, when the House of Councillors makes a decision different from that of the House of Representatives, and when no agreement can be reached even through a joint committee of both Houses, provided for by law, or in the case of failure by the House of Councillors to take final action within thirty (30) days, the period of recess excluded, after the receipt of the budget passed by the House of Representatives, the decision of the House of Representatives shall be the decision of the Diet.

第六十一条　条約の締結に必要な国会の承認については、前条第二項の規定を準用する。

Article 61. The second paragraph of the preceding article applies also to the Diet approval required for the conclusion of treaties.

第六十二条　両議院は、各々国政に関する調査を行ひ、これに関して、証人の出頭及び証言並びに記録の提出を要求することができる。

Article 62. Each House may conduct investigations in relation to government, and may demand the presence and testimony of witnesses, and the production of records.

第六十三条　内閣総理大臣その他の国務大臣は、両議院の一に議席を有すると有しないとにかかはらず、何時でも議案について発言するため議院に出席することができる。又、答弁又は説明のため出席を求められたときは、出席しなければならない。

Article 63. The Prime Minister and other Ministers of State may, at any time, appear in either House for the purpose of speaking on bills, regardless of whether they are members of the House or not. They must appear when their presence is required in order to give answers or explanations.

第六十四条　国会は、罷免の訴追を受けた裁判官を裁判するため、両議院の議員で組織する弾劾裁判所を設ける。

Article 64. The Diet shall set up an impeachment court from among the members of both Houses for the purpose of trying those judges against whom removal proceedings have been instituted.

　弾劾に関する事項は、法律でこれを定める。

　Matters relating to impeachment shall be provided by law.

第五章　内　　閣
CHAPTER V. THE CABINET

第六十五条　行政権は、内閣に属する。

Article 65. Executive power shall be vested in the Cabinet.

第六十六条　内閣は、法律の定めるところにより、その首長たる内閣総理大臣及びその他の国務大臣でこれを組織する。

Article 66. The Cabinet shall consist of the Prime Minister, who shall be its head, and other Ministers of State, as provided for by law.

芦部信喜先生記念講演録と日本国憲法

内閣総理大臣その他の国務大臣は、文民でなければならない。

The Prime Minister and other Ministers of State must be civilians.

内閣は、行政権の行使について、国会に対し連帯して責任を負ふ。

The Cabinet, in the exercise of executive power, shall be collectively responsible to the Diet.

第六十七条　内閣総理大臣は、国会議員の中から国会の議決で、これを指名する。この指名は、他のすべての案件に先だつて、これを行ふ。

Article 67. The Prime Minister shall be designated from among the members of the Diet by a resolution of the Diet. This designation shall precede all other business.

衆議院と参議院とが異なつた指名の議決をした場合に、法律の定めるところにより、両議院の協議会を開いても意見が一致しないとき、又は衆議院が指名の議決をした後、国会休会中の期間を除いて十日以内に、参議院が、指名の議決をしないときは、衆議院の議決を国会の議決とする。

If the House of Representatives and the House of Councillors disagree and if no agreement can be reached even through a joint committee of both Houses, provided for by law, or the House of Councillors fails to make designation within ten (10) days, exclusive of the period of recess, after

- 63 -

the House of Representatives has made designation, the decision of the House of Representatives shall be the decision of the Diet.

第六十八条　内閣総理大臣は、国務大臣を任命する。但し、その過半数は、国会議員の中から選ばれなければならない。

Article 68. The Prime Minister shall appoint the Ministers of State. However, a majority of their number must be chosen from among the members of the Diet.

　　内閣総理大臣は、任意に国務大臣を罷免することができる。

　　The Prime Minister may remove the Ministers of State as he chooses.

第六十九条　内閣は、衆議院で不信任の決議案を可決し、又は信任の決議案を否決したときは、十日以内に衆議院が解散されない限り、総辞職をしなければならない。

Article 69. If the House of Representatives passes a non-confidence resolution, or rejects a confidence resolution, the Cabinet shall resign en masse, unless the House of Representatives is dissolved within ten (10) days.

第七十条　内閣総理大臣が欠けたとき、又は衆議院議員総選挙の後に初めて国会の召集があつたときは、内閣は、総辞職をしなければならない。

芦部信喜先生記念講演録と日本国憲法

Article 70. When there is a vacancy in the post of Prime
Minister, or upon the first convocation of the Diet after a
general election of members of the House of Representatives,
the Cabinet shall resign en masse.

第七十一条　前二条の場合には、内閣は、あらたに内閣総理大臣
が任命されるまで引き続きその職務を行ふ。

Article 71. In the cases mentioned in the two preceding
articles, the Cabinet shall continue its functions until the
time when a new Prime Minister is appointed.

第七十二条　内閣総理大臣は、内閣を代表して議案を国会に提出
し、一般国務及び外交関係について国会に報告し、並びに行政
各部を指揮監督する。

Article 72. The Prime Minister, representing the Cabinet,
submits bills, reports on general national affairs and foreign
relations to the Diet and exercises control and supervision
over various administrative branches.

第七十三条　内閣は、他の一般行政事務の外、左の事務を行ふ。

Article 73. The Cabinet, in addition to other general
administrative functions, shall perform the following
functions:

一　法律を誠実に執行し、国務を総理すること。

芦部信喜先生記念講演録と日本国憲法

Administer the law faithfully; conduct affairs of state.

二　外交関係を処理すること。

Manage foreign affairs.

三　条約を締結すること。但し、事前に、時宜によつては事後に、国会の承認を経ることを必要とする。

Conclude treaties. However, it shall obtain prior or, depending on circumstances, subsequent approval of the Diet.

四　法律の定める基準に従ひ、官吏に関する事務を掌理すること。

Administer the civil service, in accordance with standards established by law.

五　予算を作成して国会に提出すること。

Prepare the budget, and present it to the Diet.

六　この憲法及び法律の規定を実施するために、政令を制定すること。但し、政令には、特にその法律の委任がある場合を除いては、罰則を設けることができない。

Enact cabinet orders in order to execute the provisions of this Constitution and of the law. However, it cannot include penal provisions in such cabinet orders unless authorized by such law.

七　大赦、特赦、減刑、刑の執行の免除及び復権を決定すること。

芦部信喜先生記念講演録と日本国憲法

Decide on general amnesty, special amnesty, commutation of punishment, reprieve, and restoration of rights.

第七十四条　法律及び政令には、すべて主任の国務大臣が署名し、内閣総理大臣が連署することを必要とする。

Article 74. All laws and cabinet orders shall be signed by the competent Minister of State and countersigned by the Prime Minister.

第七十五条　国務大臣は、その在任中、内閣総理大臣の同意がなければ、訴追されない。但し、これがため、訴追の権利は、害されない。

Article 75. The Ministers of State, during their tenure of office, shall not be subject to legal action without the consent of the Prime Minister. However, the right to take that action is not impaired hereby.

第六章　司　　法
CHAPTER VI. JUDICIARY

第七十六条　すべて司法権は、最高裁判所及び法律の定めるところにより設置する下級裁判所に属する。

- 67 -

芦部信喜先生記念講演録と日本国憲法

Article 76. The whole judicial power is vested in a Supreme
Court and in such inferior courts as are established by law.

　特別裁判所は、これを設置することができない。行政機関は、
終審として裁判を行ふことができない。

No extraordinary tribunal shall be established, nor shall
any organ or agency of the Executive be given final judicial
power.

　すべて裁判官は、その良心に従ひ独立してその職権を行ひ、
この憲法及び法律にのみ拘束される。

All judges shall be independent in the exercise of their
conscience and shall be bound only by this Constitution and
the laws.

第七十七条　最高裁判所は、訴訟に関する手続、弁護士、裁判所
の内部規律及び司法事務処理に関する事項について、規則を定
める権限を有する。

Article 77. The Supreme Court is vested with the rule-making
power under which it determines the rules of procedure and
of practice, and of matters relating to attorneys, the internal
discipline of the courts and the administration of judicial
affairs.

　検察官は、最高裁判所の定める規則に従はなければならない。

Public procurators shall be subject to the rule-making
power of the Supreme Court.

芦部信喜先生記念講演録と日本国憲法

　最高裁判所は、下級裁判所に関する規則を定める権限を、下級裁判所に委任することができる。

The Supreme Court may delegate the power to make rules for inferior courts to such courts.

第七十八条　裁判官は、裁判により、心身の故障のために職務を執ることができないと決定された場合を除いては、公の弾劾によらなければ罷免されない。裁判官の懲戒処分は、行政機関がこれを行ふことはできない。

Article 78. Judges shall not be removed except by public impeachment unless judicially declared mentally or physically incompetent to perform official duties. No disciplinary action against judges shall be administered by any executive organ or agency.

第七十九条　最高裁判所は、その長たる裁判官及び法律の定める員数のその他の裁判官でこれを構成し、その長たる裁判官以外の裁判官は、内閣でこれを任命する。

Article 79. The Supreme Court shall consist of a Chief Judge and such number of judges as may be determined by law; all such judges excepting the Chief Judge shall be appointed by the Cabinet.

　最高裁判所の裁判官の任命は、その任命後初めて行はれる衆議院議員総選挙の際国民の審査に付し、その後十年を経過した

芦部信喜先生記念講演録と日本国憲法

後初めて行はれる衆議院議員総選挙の際更に審査に付し、その後も同様とする。

The appointment of the judges of the Supreme Court shall be reviewed by the people at the first general election of members of the House of Representatives following their appointment, and shall be reviewed again at the first general election of members of the House of Representatives after a lapse of ten (10) years, and in the same manner thereafter.

前項の場合において、投票者の多数が裁判官の罷免を可とするときは、その裁判官は、罷免される。

In cases mentioned in the foregoing paragraph, when the majority of the voters favors the dismissal of a judge, he shall be dismissed.

審査に関する事項は、法律でこれを定める。

Matters pertaining to review shall be prescribed by law.

最高裁判所の裁判官は、法律の定める年齢に達した時に退官する。

The judges of the Supreme Court shall be retired upon the attainment of the age as fixed by law.

最高裁判所の裁判官は、すべて定期に相当額の報酬を受ける。この報酬は、在任中、これを減額することができない。

芦部信喜先生記念講演録と日本国憲法

All such judges shall receive, at regular stated intervals, adequate compensation which shall not be decreased during their terms of office.

第八十条　下級裁判所の裁判官は、最高裁判所の指名した者の名簿によつて、内閣でこれを任命する。その裁判官は、任期を十年とし、再任されることができる。但し、法律の定める年齢に達した時には退官する。

Article 80. The judges of the inferior courts shall be appointed by the Cabinet from a list of persons nominated by the Supreme Court. All such judges shall hold office for a term of ten (10) years with privilege of reappointment, provided that they shall be retired upon the attainment of the age as fixed by law.

　下級裁判所の裁判官は、すべて定期に相当額の報酬を受ける。この報酬は、在任中、これを減額することができない。

The judges of the inferior courts shall receive, at regular stated intervals, adequate compensation which shall not be decreased during their terms of office.

第八十一条　最高裁判所は、一切の法律、命令、規則又は処分が憲法に適合するかしないかを決定する権限を有する終審裁判所である。

芦部信喜先生記念講演録と日本国憲法

Article 81. The Supreme Court is the court of last resort with power to determine the constitutionality of any law, order, regulation or official act.

第八十二条　裁判の対審及び判決は、公開法廷でこれを行ふ。

Article 82. Trials shall be conducted and judgment declared publicly.

　裁判所が、裁判官の全員一致で、公の秩序又は善良の風俗を害する虞があると決した場合には、対審は、公開しないでこれを行ふことができる。但し、政治犯罪、出版に関する犯罪又はこの憲法第三章で保障する国民の権利が問題となつてゐる事件の対審は、常にこれを公開しなければならない。

Where a court unanimously determines publicity to be dangerous to public order or morals, a trial may be conducted privately, but trials of political offenses, offenses involving the press or cases wherein the rights of people as guaranteed in Chapter III of this Constitution are in question shall always be conducted publicly.

第七章　財　　政
CHAPTER VII. FINANCE

第八十三条　国の財政を処理する権限は、国会の議決に基いて、これを行使しなければならない。

芦部信喜先生記念講演録と日本国憲法

Article 83. The power to administer national finances shall be
exercised as the Diet shall determine.

第八十四条　あらたに租税を課し、又は現行の租税を変更するに
は、法律又は法律の定める条件によることを必要とする。

Article 84. No new taxes shall be imposed or existing ones
modified except by law or under such conditions as law may
prescribe.

第八十五条　国費を支出し、又は国が債務を負担するには、国会
の議決に基くことを必要とする。

Article 85. No money shall be expended, nor shall the State
obligate itself, except as authorized by the Diet.

第八十六条　内閣は、毎会計年度の予算を作成し、国会に提出し
て、その審議を受け議決を経なければならない。

Article 86. The Cabinet shall prepare and submit to the Diet
for its consideration and decision a budget for each fiscal
year.

第八十七条　予見し難い予算の不足に充てるため、国会の議決に
基いて予備費を設け、内閣の責任でこれを支出することができ
る。

芦部信喜先生記念講演録と日本国憲法

Article 87. In order to provide for unforeseen deficiencies in
the budget, a reserve fund may be authorized by the Diet to
be expended upon the responsibility of the Cabinet.

すべて予備費の支出については、内閣は、事後に国会の承諾
を得なければならない。

The Cabinet must get subsequent approval of the Diet for
all payments from the reserve fund.

第八十八条　すべて皇室財産は、国に属する。すべて皇室の費用
は、予算に計上して国会の議決を経なければならない。

Article 88. All property of the Imperial Household shall belong
to the State. All expenses of the Imperial Household shall be
appropriated by the Diet in the budget.

第八十九条　公金その他の公の財産は、宗教上の組織若しくは団
体の使用、便益若しくは維持のため、又は公の支配に属しない
慈善、教育若しくは博愛の事業に対し、これを支出し、又はそ
の利用に供してはならない。

Article 89. No public money or other property shall be
expended or appropriated for the use, benefit or
maintenance of any religious institution or association, or
for any charitable, educational or benevolent enterprises not
under the control of public authority.

芦部信喜先生記念講演録と日本国憲法

第九十条　国の収入支出の決算は、すべて毎年会計検査院がこれ
　を検査し、内閣は、次の年度に、その検査報告とともに、これ
　を国会に提出しなければならない。

Article 90. Final accounts of the expenditures and revenues of
　the State shall be audited annually by a Board of Audit and
　submitted by the Cabinet to the Diet, together with the
　statement of audit, during the fiscal year immediately
　following the period covered.

　会計検査院の組織及び権限は、法律でこれを定める。

　The organization and competency of the Board of Audit
　shall be determined by law.

第九十一条　内閣は、国会及び国民に対し、定期に、少くとも毎
　年一回、国の財政状況について報告しなければならない。

Article 91. At regular intervals and at least annually the
　Cabinet shall report to the Diet and the people on the state
　of national finances.

第八章　地方自治
CHAPTER VIII. LOCAL SELF-GOVERNMENT

第九十二条　地方公共団体の組織及び運営に関する事項は、地方
　自治の本旨に基いて、法律でこれを定める。

芦部信喜先生記念講演録と日本国憲法

Article 92. Regulations concerning organization and operations of local public entities shall be fixed by law in accordance with the principle of local autonomy.

第九十三条　地方公共団体には、法律の定めるところにより、その議事機関として議会を設置する。

Article 93. The local public entities shall establish assemblies as their deliberative organs, in accordance with law.

　地方公共団体の長、その議会の議員及び法律の定めるその他の吏員は、その地方公共団体の住民が、直接これを選挙する。

　The chief executive officers of all local public entities, the members of their assemblies, and such other local officials as may be determined by law shall be elected by direct popular vote within their several communities.

第九十四条　地方公共団体は、その財産を管理し、事務を処理し、及び行政を執行する権能を有し、法律の範囲内で条例を制定することができる。

Article 94. Local public entities shall have the right to manage their property, affairs and administration and to enact their own regulations within law.

第九十五条　一の地方公共団体のみに適用される特別法は、法律の定めるところにより、その地方公共団体の住民の投票におい

てその過半数の同意を得なければ、国会は、これを制定することができない。

Article 95. A special law, applicable only to one local public entity, cannot be enacted by the Diet without the consent of the majority of the voters of the local public entity concerned, obtained in accordance with law.

第九章　改　　正
CHAPTER IX. AMENDMENTS

第九十六条　この憲法の改正は、各議院の総議員の三分の二以上の賛成で、国会が、これを発議し、国民に提案してその承認を経なければならない。この承認には、特別の国民投票又は国会の定める選挙の際行はれる投票において、その過半数の賛成を必要とする。

Article 96. Amendments to this Constitution shall be initiated by the Diet, through a concurring vote of two-thirds or more of all the members of each House and shall thereupon be submitted to the people for ratification, which shall require the affirmative vote of a majority of all votes cast thereon, at a special referendum or at such election as the Diet shall specify.

芦部信喜先生記念講演録と日本国憲法

憲法改正について前項の承認を経たときは、天皇は、国民の名で、この憲法と一体を成すものとして、直ちにこれを公布する。

Amendments when so ratified shall immediately be promulgated by the Emperor in the name of the people, as an integral part of this Constitution.

第十章　最高法規
CHAPTER X. SUPREME LAW

第九十七条　この憲法が日本国民に保障する基本的人権は、人類の多年にわたる自由獲得の努力の成果であつて、これらの権利は、過去幾多の試錬に堪へ、現在及び将来の国民に対し、侵すことのできない永久の権利として信託されたものである。

Article 97. The fundamental human rights by this Constitution guaranteed to the people of Japan are fruits of the age-old struggle of man to be free; they have survived the many exacting tests for durability and are conferred upon this and future generations in trust, to be held for all time inviolate.

第九十八条　この憲法は、国の最高法規であつて、その条規に反する法律、命令、詔勅及び国務に関するその他の行為の全部又は一部は、その効力を有しない。

芦部信喜先生記念講演録と日本国憲法

Article 98. This Constitution shall be the supreme law of the nation and no law, ordinance, imperial rescript or other act of government, or part thereof, contrary to the provisions hereof, shall have legal force or validity.

日本国が締結した条約及び確立された国際法規は、これを誠実に遵守することを必要とする。

The treaties concluded by Japan and established laws of nations shall be faithfully observed.

第九十九条　天皇又は摂政及び国務大臣、国会議員、裁判官その他の公務員は、この憲法を尊重し擁護する義務を負ふ。

Article 99. The Emperor or the Regent as well as Ministers of State, members of the Diet, judges, and all other public officials have the obligation to respect and uphold this Constitution.

第十一章　補　則
CHAPTER XI. SUPPLEMENTARY PROVISIONS

第百条　この憲法は、公布の日から起算して六箇月を経過した日から、これを施行する。

Article 100. This Constitution shall be enforced as from the day when the period of six months will have elapsed counting from the day of its promulgation.

芦部信喜先生記念講演録と日本国憲法

　この憲法を施行するために必要な法律の制定、参議院議員の選挙及び国会召集の手続並びにこの憲法を施行するために必要な準備手続は、前項の期日よりも前に、これを行ふことができる。

　The enactment of laws necessary for the enforcement of this Constitution, the election of members of the House of Councillors and the procedure for the convocation of the Diet and other preparatory procedures necessary for the enforcement of this Constitution may be executed before the day prescribed in the preceding paragraph.

第百一条　この憲法施行の際、参議院がまだ成立してゐないときは、その成立するまでの間、衆議院は、国会としての権限を行ふ。

Article 101. If the House of Councillors is not constituted before the effective date of this Constitution, the House of Representatives shall function as the Diet until such time as the House of Councillors shall be constituted.

第百二条　この憲法による第一期の参議院議員のうち、その半数の者の任期は、これを三年とする。その議員は、法律の定めるところにより、これを定める。

Article 102. The term of office for half the members of the House of Councillors serving in the first term under this

Constitution shall be three years. Members falling under this category shall be determined in accordance with law.

第百三条 この憲法施行の際現に在職する国務大臣、衆議院議員及び裁判官並びにその他の公務員で、その地位に相応する地位がこの憲法で認められてゐる者は、法律で特別の定をした場合を除いては、この憲法施行のため、当然にはその地位を失ふことはない。但し、この憲法によつて、後任者が選挙又は任命されたときは、当然その地位を失ふ。

Article 103. The Ministers of State, members of the House of Representatives, and judges in office on the effective date of this Constitution, and all other public officials, who occupy positions corresponding to such positions as are recognized by this Constitution shall not forfeit their positions automatically on account of the enforcement of this Constitution unless otherwise specified by law. When, however, successors are elected or appointed under the provisions of this Constitution they shall forfeit their positions as a matter of course.

芦部信喜先生記念講演録と日本国憲法

日本国憲法施行 70 周年
日本国憲法制定経過年表
(ポツダム宣言～日本国憲法施行)

1. 憲法改正問題の起源～展開
2. 総司令部による憲法草案作成
3. 日本案の作成と議会への提出
4. 憲法議会の審議
5. 憲法改正の成立

1. 憲法改正問題の起源～展開

昭和 20 年（1945 年）

7 月 26 日／・連合国、ポツダム宣言を発表（7 月 28 日 鈴木貫太郎首相、ポツダム宣言黙殺を表明）

　＊鈴木貫太郎内閣は、枢密院議長の鈴木貫太郎が第 42 代内閣総理大臣に任命され、1945 年（昭和 20 年）4 月 7 日から同年 8 月 17 日まで続いた日本の内閣である。

8 月 6 日／・広島に原子爆弾投下（8 月 8 日ソ連、対日宣戦布告　8 月 9 日長崎に原爆投下）

8 月 14 日／・御前会議、ポツダム宣言の受諾を決定（翌日、終戦の詔勅を放送）

・マッカーサー元帥、連合国最高司令官に就任

8 月 15 日／・鈴木内閣総辞職

8 月 17 日／・稔彦王（東久邇宮）内閣成立（8 月 16 日　大命降下）

8 月 18 日／・トルーマン米国大統領、スターリンのソ連軍による北海道北部の管理要請を拒否

芦部信喜先生記念講演録と日本国憲法

・トルーマン米国大統領、対日政策の策定のため設置された国務・陸軍・海軍３省調整委員会（SWNCC）の採択した「**日本の敗北後における本土占領軍の国家的構成**」を承認

8月20日／・英国政府、米国務省に対し、米・英・ソ・中・濠5か国代表による対日管理理事会の設置を提案（8月21日 米国政府、極東諮問委員会付託条項を英・ソ・中3か国政府に送付。また、同委員会に前記5か国のほか、連合国加盟6か国政府の招請を提議）

8月26日／・**外務省に終戦連絡中央事務局設置**

8月28日／・東久邇宮首相、**国体護持と一億総懺悔を声明**

／・連合国総司令部〔GHQ〕、横浜に設置（9月15日 東京に移動）

8月29日／・米国政府、SWNCC作成の「降伏後ニ於ケル米国ノ初期ノ對日方針」をマッカーサー元帥に通達

8月30日／・マッカーサー元帥、厚木飛行場に到着

　この頃／・?内閣法制局、内々に憲法問題の研究に着手

9月1日／・第88回帝国議会召集（9月4日開院式　会期2日間、9月5日まで）

9月2日／・日本、降伏文書調印（無条件降伏が法的に確定）

・GHQ、一般命令第1号（日本陸海軍の解体指令）

9月3日／・貴族院調査会第二部会、澁澤信一・外務省条約局長から戦闘停止より講和に至るまでの諸事項についての説明を聴取（9月8日第一部会、津島壽一大蔵大臣から戦後財政経済対策について説明聴取、9月17日第四部会、吉本重章・陸軍省軍務課長から在外軍隊及び邦人の現状について説明聴取）

9月6日／・米国政府、「連合国最高司令官の権限に関するマッカーサー元帥への通達」を発出

9月9日／・マッカーサー元帥、間接統治・自由主義助長等の日本管理方式について声明

9月10日／・**GHQ、言論及び新聞の自由に関する覚書交付**（9月21日 **GHQ批判を禁止する「プレス・コード」を指令**）

芦部信喜先生記念講演録と日本国憲法

9月11日／・**GHQ、戦争犯罪人容疑者の逮捕を指令**

9月13日／・**大本営廃止**

9月18日／・東久邇宮首相、外国人記者団と会見し、憲法改正など内政面に関する改革について現時点ではGHQ指令の完遂に全力を挙げており、検討する余裕なしと表明

・**内閣法制局、内部文書「終戦と憲法」にて、憲法改正の問題点を列記**

9月20日／・『ポツダム宣言』ノ受諾ニ伴ヒ発スル命令ニ関スル件（緊急勅令）公布

9月22日／・GHQ、合衆国政府の「降伏後ニ於ケル初期ノ對日方針」に基づく基本指令を交付

10月2日／・**GHQ、民政局（GS）を設置**

10月3日／・衆議院調査会、議会制度調査特別委員会（当初102名）を設置（10月8日委員長：勝田永吉）

10月4日／・マッカーサー元帥、近衞文麿国務大臣と会見し、憲法改正の必要を示唆

・GHQ、政治的公民的及び宗教的自由に対する制限の撤廃に関する覚書交付（人権指令　治安維持法及び国防保安法廃止、政治犯の即時釈放、思想警察官吏の罷免等）

10月5日／・稔彦王内閣総辞職

10月8日／・衆議院調査会議会制度調査特別委員会、米英の議会制度について宮澤俊義・東京帝国大学教授から説明を聴取（10月10日より、衆議院議員選挙法の改正に関し協議開始）

・近衞文麿、アチソンGHQ政治顧問と会見（アチソン、憲法改正の主要項目を示唆）

10月9日／・幣原喜重郎内閣成立（10月6日　大命降下）

10月11日／・マッカーサー元帥、幣原首相に対し、婦人解放・労働組合の奨励・学校教育の民主化・秘密審問司法制度の撤廃・経済機構の民主化の5大改革を要求

芦部信喜先生記念講演録と日本国憲法

・近衞文麿、内大臣府御用掛に任命され憲法改正の検討に着手（10 月 13 日 佐々木惣一博士、御用掛に任命され憲法改正調査に協力）

10 月 13 日／・閣議、憲法問題調査委員会の設置を了解

・政府、婦人参政権の付与と選挙権年齢の引下げを発表

・言論出版集会結社等臨時取締法廃止

10 月 15 日／・参謀本部、軍令部、治安維持法など廃止

・近衞文麿、AP 通信記者と会見し、議会の権限拡大と天皇大権の縮小など憲法改正に際して考慮すべき項目を表明（内大臣府による憲法改正作業に対する批判起きる）

10 月 16 日／・衆議院調査会、憲法改正問題特別委員会（当初 132 名）を設置（10 月 20 日 委員長：勝田永吉）

10 月 17 日／・アチソン駐日米国大使、憲法改正に関する米国務省訓令を受領（昭和 21 年 1 月 7 日の SWNCC－228 号文書とほぼ同一）

10 月 21 日／・近衞文麿、AP 通信記者と会見し、憲法改正問題及び天皇退位問題について語る（政府側からの非難を受け、10 月 25 日 新聞記事を訂正）

10 月 24 日／・国際連合発足

10 月 27 日／・内閣の憲法問題調査委員会初会合（委員長：松本烝治）

10 月 30 日／・GHQ、皇室財産を公表（11 月 20 日 皇室財産の凍結を指令）

・極東諮問委員会（FEAC）、ワシントンで開催（ソ連代表不参加）

11 月 1 日／・GHQ、近衞文麿による憲法調査は、GHQ の関知するところではない旨声明

・SWNCC、「日本占領及び管理のための連合国最高司令官に対する降伏後における初期の基本的指令」を承認

11 月 2 日／・日本社会党結成（書記長：片山哲）

11 月 5 日／・憲法研究会が初会合（高野岩三郎、鈴木安蔵、室伏高信、杉森孝次郎、森戸辰男、岩淵辰雄ら）

11 月 8 日／・マッカーサー元帥、「初期基本的指令」を受領

11 月 9 日／・衆議院調査会憲法改正問題特別委員会、憲法改正問題について

芦部信喜先生記念講演録と日本国憲法

宮澤東京帝大教授から意見聴取

・衆議院調査会議会制度調査特別委員会、衆議院議員選挙法の改正について、制限連記投票制の採用、選挙公営並びに選挙運動の制限等の諸問題について協議（11月14日 選挙公営並びに選挙運動の制限について具体案を作成　内務省との交渉に入る）

・**日本自由党結成**（総裁：鳩山一郎）

11月11日／・日本共産党、「新憲法の骨子」を発表

11月16日／・日本進歩党結成（12月18日 総裁：町田忠治）

11月20日／・**GHQ、皇室財産の凍結を指令**

11月21日／・衆議院調査会憲法改正問題特別委員会、大池眞・衆議院書記官長から政府の憲法問題調査委員会における経過の概要について説明聴取

11月22日／・近衞文麿、「憲法改正ノ大綱」を奉呈（11月24日 佐々木惣一、「帝国憲法改正ノ必要」を天皇に進講）

11月24日／・内大臣府廃止

・厚生省労務法制審議委員会、憲法の改正に際して労働権・生活権・休息権等の規定を設けることを答申

11月26日／・第89回帝国議会召集（11月27日開院式　会期22日間、12月18日まで）

12月8日／・衆議院予算総会、松本国務大臣、天皇統治権の不変・議会の権限拡大・責任内閣制・国民権利の確立の憲法改正4原則を明示

12月9日／・GHQ、農地改革を指令

12月11日／・GHQ、財閥解体を指令

12月15日／・GHQ、国家神道に対する政府の保護・支援・保全・監督及弘布の廃止に関する覚書交付（神道指令　12月28日 宗教団体法等廃止の件・宗教法人令（ポ勅）公布）

・改正衆議院議員選挙法成立（婦人参政権、大選挙区制限連記制）

12月16日／・近衞文麿、服毒自殺（12月6日に戦争犯罪人指定を受けたことによる）

芦部信喜先生記念講演録と日本国憲法

・米英ソ3か国外相会談、モスクワで開催（12月26日極東委員会の設置で合意）

12月18日／・衆議院解散

・国民協同党結成

12月20日／・GHQ、政治犯の公民権、選挙権の復活を指令（同日、選挙期日の延期を指令）

12月21日／・GHQ、日本に関する基本的指令が一段落した旨を声明

12月22日／・**労働組合法公布**

12月26日／・極東諸問委員会、日本訪問のためワシントンを出発（1946年1月9日日本到着、1月30日離日）

12月27日／・**憲法研究会**、憲法草案を参考として政府に手交（翌日、**高野岩三郎、憲法研究会案とは別に共和制を柱とする私案を発表**）

・**米英ソ3か国外相会議**、極東委員会のワシントン設置及び対日理事会の東京設置を発表

12月28日／・GHQ、天皇制度支配の諸条件の基礎喪失について声明

　この月以後／・公職追放等に伴う貴族院議員の入替始まる（**安倍能成**、馬場恒吾、**金森徳次郎、佐々木惣一**、賀川豊彦、**南原繁**、入江俊郎、山本勇造、**田中耕太郎、宮澤俊義、我妻榮**ら学者、文化人など多数が勅任される）

　昭和21年（1946年）

1月1日／・新日本建設に関する詔書公布（天皇の神格化を否定）

1月4日／・GHQ、好ましくない人物の公職よりの除去に関する覚書交付（公職追放）

・松本国務大臣、憲法改正の松本私案を脱稿（後の「憲法改正案（甲案）」の基礎　1月7日憲法改正問題の状況について奏上し私案を説明）

1月7日／・SWNCC、「日本統治制度の改革」（SWNCC−228号文書）を採択（日本の非武装化に言及　1月11日マッカーサー元帥に送付）

1月10日／・国際連合第一回総会、ロンドンで開催

芦部信喜先生記念講演録と日本国憲法

1月11日／・ラウエル・GHQ民政局法規課長、「私的グループによる憲法改正草案に対する所見」を幕僚長に提出（「私的グループ」＝「憲法研究会」）

1月14日／・野坂参三、延安より帰国し日本共産党と共同声明（天皇制に対する見解を表明）

1月18日／・**オーストラリアなど、天皇を含む戦争犯罪人名簿をGHQに提出**

1月21日／・日本自由党、憲法改正要綱を発表

1月22日／・マッカーサー元帥、極東国際軍事裁判所の設置を指令

1月29日／・閣議、衆議院議員総選挙の期日を3月31日と決定（2月25日閣議、4月10日に延期）

1月30日／・閣議、松本国務大臣から**松本私案**の説明を聴取（2月1日松本案の非公式な要旨及び説明をGHQに提出）

・マッカーサー元帥、来日中の極東諮問委員会のメンバーと会談（極東委員会の設置により、**憲法改正に関する権限はGHQから極東委員会に移った**と述べる　同日、極東諮問委員会離日）

2月1日／・毎日新聞、憲法改正に関する憲法問題調査委員会試案をスクープ

・マッカーサー元帥、ホイットニー民政局長に松本案拒否の理由書作成を命令

・第1次農地改革実施

2月2日／・憲法問題調査会、憲法改正案（甲案・乙案）を決定

2. 総司令部による憲法草案作成

2月3日／・マッカーサー元帥、GHQ民政局に対し、**憲法改正に関する3原則＝マッカーサー・ノート（天皇は国家の元首・戦争放棄・封建制度の撤廃）**を提示し、日本国憲法草案の作成を指示（2月4日から作成を開始　2月10日起草作業を終える）

2月8日／・政府、松本案をGHQに提出

2月13日／・**ホイットニーGHQ民政局長、松本試案を拒否してGHQ案を手交し、本案に基づいた憲法改正案の起草を要求**

芦部信喜先生記念講演録と日本国憲法

3. 日本案の作成と議会への提出

2月14日／・日本進歩党、憲法改正要綱を決定

2月18日／・松本国務大臣、「憲法改正案説明補充」を白洲次郎・終連事務局次長を通じて GHQ に手交（GHQ、松本案は再考の余地なし、また、GHQ 案を基にした起草を拒む場合は GHQ 案を公表すると伝達）

2月20日／・ソ連邦政府、千島及び南樺太の正式なソ連領編入を布告

2月21日／・幣原首相、憲法改正 GHQ 案についてマッカーサー元帥と会談

2月22日／・閣議、幣原首相から昨日の会談について報告（マッカーサー元帥の主眼は、象徴天皇制と戦争放棄であって妥協交渉の余地あり）

・松本国務大臣、ホイットニーGHQ 民政局長らと会談（GHQ 側、大日本帝国憲法の一部改正では憲法改正の目的を達成し得ない等の意向を表明）

2月24日／・日本社会党、憲法改正案要綱を発表

2月25日／・閣議、GHQ 草案の日本文翻訳を閣僚に配付

2月26日／・政府、GHQ 草案に基づく憲法改正草案の作成作業に着手（入江俊郎・内閣法制局次長及び佐藤達夫・同第一部長に起草を下命）

・極東委員会、ワシントンで第1回会合

3月2日／・GHQ、憲法改正草案の提出を要求（3月4日 GHQ に提出）

3月4日／・日本側の憲法改正草案をめぐり松本国務大臣と GHQ 側物別れ

・GHQ、直ちに憲法改正草案の確定案を作成するよう指示（GHQ 側と佐藤法制局第一部長が逐条協議の末、翌日確定案を決定）

・チャーチル英国首相、「鉄のカーテン」演説

3月5日／・政府、憲法改正草案を奏上

・憲法懇話会（尾崎行雄、岩波茂雄、渡辺幾治郎、石田秀人、稲田正次、海野晋吉）、憲法草案を発表

3月6日／・政府、**憲法改正草案要綱を発表**（主権在民・象徴天皇制・戦争放棄を規定）

3月7日／・マッカーサー元帥、憲法改正草案要綱を全面的に支持する旨を声

芦部信喜先生記念講演録と日本国憲法

明

3月12日／・閣議、憲法改正案を総選挙後の特別議会提出を決定

3月20日／・極東委員会、新憲法の制定過程における日本国民の世論尊重を決定

3月26日／・金森徳次郎・元内閣法制局長官、内閣嘱託となる

・「国民の国語運動」代表、幣原首相に対して**憲法改正案の口語化を建議**

4月5日／・**連合国対日理事会**、初会合

4月10日／・第22回衆議院議員総選挙（婦人参政権を含む最初の普通選挙、議員定数466（婦人議員39名当選）、自由１４０、進歩９４、社会９３、協同１４、共産５、諸派３８、無所属８０、欠員２）

・極東委員会、憲法問題についてのGHQ係官派遣要求を採択

4月13日／・マッカーサー元帥、極東委員会への係官派遣を拒否（米国政府、この回答の極東委員会伝達保留　5月29日極東委員会に伝達）

・楢橋内閣書記官長、進歩党に対する与党工作を開始（4月19日幣原首相、進歩党に入党　4月23日総裁に就任）

4月16日／・幣原首相、憲法改正は現内閣の手で行う旨声明

4月17日／・政府、憲法改正草案（ひらがな口語体）を枢密院に下付の上、全文を公表

4月22日／・幣原内閣総辞職（以後、1か月の政治空白　各政党間の政権協議始まる）

・枢密院、憲法改正草案の第1回審査委員会を開会（5月15日まで8回開会）

・琉球米軍政府、民政府を創設

4月30日／・鳩山自由党総裁、自由党内閣の組閣を決意

5月1日／・第17回メーデー（11年ぶりに復活）

5月3日／・極東国際軍事裁判所（東京裁判）開廷

5月4日／・鳩山一郎・日本自由党総裁、公職追放（5月14日　吉田茂、後継総裁就任を受諾）

5月13日／・極東委員会、「日本の新憲法の採択についての原則」を決定（マ

芦部信喜先生記念講演録と日本国憲法

ッカーサー元帥に通達）

5月16日／・第90回帝国議会召集（6月20日開院式　会期114日間、10月11日まで）

・衆議院、正副議長候補者選挙

5月19日／・飯米獲得人民大会、皇居前広場で開催（**食糧メーデー　天皇不敬プラカード事件起きる）**

5月21日／・GHQ、皇族に関する覚書交付（皇族の特権廃止　5月23日皇族議員廃止）

5月22日／・第1次吉田茂内閣成立（5月16日　大命降下）

・衆議院議長に樋貝詮三（自由）、同副議長に木村小左衞門（進歩）任命

5月27日／・内閣の交代に伴い、憲法改正草案を枢密院に改めて諮詢（5月29日審査を再開）

6月4日／・極東委員会、天皇制廃止の問題を討議すると発表

6月8日／・枢密院本会議、帝国憲法改正草案を可決

6月19日／・憲法問題専任の国務大臣として金森徳次郎を任命

・貴族院議長に徳川家正（火曜会）、同副議長に徳川宗敬（研究会）任命

6月20日／・**第90回帝国議会開院式**

　　開院式当日の両院所属会派別議員数

　　貴族院：335名　研究会125、公正会59、火曜会32、交友倶楽部24、無所属倶楽部24、同成会23、同和会20、各派に属しない議員28

　　衆議院：466名　日本自由党143、日本進歩党97、日本社会党96、日本民主党準備会21、協同民主党42、無所属倶楽部30、新光倶楽部29、共産5、無所属2、欠員1

・**政府、衆議院に帝国憲法改正案提出（8月24日修正　10月6日貴族院修正10月7日衆議院同意　11月3日公布　昭和22年5月3日施行）**

・**衆議院本会議、樋貝詮三議長、帝国憲法改正の勅書を捧読**

芦部信喜先生記念講演録と日本国憲法

4. 憲法議会の審議

6月21日／・衆議院本会議、吉田首相、施政方針演説（憲法改正問題に言及
質疑3日間：6月21日片山哲君、6月22日平野力三君、北勝太郎君、加藤勘
十君、6月24日松原一彦君、中野四郎君、笹森順造君、徳田球一君）
・マッカーサー元帥、帝国議会における憲法改正案の審議に関する声明を発表
（議会における討議の3原則　各条文の審議に十分な時間と機会が与えられ
るべきこと、大日本帝国憲法との法的持続性の保障、国民の自由意志の表明に
基づく憲法の採択）
6月25日／・衆議院本会議、帝国憲法改正案の議事を延期せられたいとの動
議（志賀義雄君発議）否決、帝国憲法改正案は3読会の順序を経て議決したい
との件（議長発議）可決
・衆議院帝国憲法改正案第1読会、帝国憲法改正案趣旨弁明（質疑4日間：6
月25日 北れい吉君（自由）、6月26日原夫次郎君（進歩）、北浦圭太郎君
（自由）、鈴木義男君（社会）、6月27日 吉田安君（進歩）、森戸辰男君（社
会）、酒井俊雄君（協民）、6月28日 安部俊吾君（無）、細迫兼光君（無）、
布利秋君（民主）、野坂参三君（共産））
・衆議院事務局調査課、「英米両国の統治機構」、「米国憲法」、「現下の食
糧問題」、「各種民間憲法改正草案集」の各パンフレットを議員に配付
6月26日／・衆議院帝国憲法改正案第1読会、吉田首相、戦争放棄について、
自衛のための戦争も交戦権も放棄したものであると言明
6月27日／・衆議院各派交渉会、議院法規調査委員会設置を協議決定
6月28日／・衆議院、帝国憲法改正案を帝国憲法改正案委員（72名）に付託
（自由22、進歩15、社会15、協民7、新光ク5、無倶5、民主2、共産1）
6月29日／・衆議院、帝国憲法改正案委員長に芦田均（自由）を選任
・日本共産党、人民憲法草案を発表
7月1日／・衆議院憲法改正案委、帝国憲法改正案趣旨説明（7月9日まで総
括質疑、7月11日から7月22日まで逐条審査）

- 92 -

芦部信喜先生記念講演録と日本国憲法

7月2日／・極東委員会、「日本の新憲法についての基本原則」を採択（国民主権の徹底、天皇の権能排除、立法府の強化、文民統制、枢密院・貴族院の廃止など）

7月3日／・内閣に臨時法制調査会設置

7月4日／・衆議院、議院法規調査委員を選任（樋貝議長外21名）

7月10日／・ケーディスGHQ民政局次長、入江俊郎・内閣法制局長官らと会談（7月15日佐藤達夫・内閣法制局次長らと、7月17日及び7月23日金森国務大臣らと会談）

7月11日／・衆議院憲法改正案委、逐条審議に入り、前文に対する質疑を終了

7月12日／・衆議院憲法改正案委、第1条から第5条までの質疑を終了

7月13日／・衆議院憲法改正案委、第6条から第8条までの質疑を終了し、第9条の質疑に入る

7月15日／・衆議院憲法改正案委、第9条から第11条までの質疑を終了

7月16日／・衆議院憲法改正案委、第12条から第21条までの質疑を終了

7月17日／・衆議院憲法改正案委、第22条及び第23条の質疑を終了し、第24条の質疑に入る

・金森国務大臣、GHQとの会談で「国体」に関する6原則を提示

7月18日／・衆議院憲法改正案委、第24条から第29条までの質疑を終了し、第30条の質疑に入る

7月19日／・衆議院憲法改正案委、第30条から第38条までの質疑を終了

7月20日／・衆議院憲法改正案委、第39条から第73条までの質疑を終了

7月22日／・衆議院憲法改正案委、第74条から第97条までの質疑を終了

7月23日／・衆議院憲法改正案委、逐条審議を終了し、修正案等について協議のため小委員（14名、小委員長：芦田均）選任

・貴族院事務局調査部、「憲法改正に関する緒論輯録」を議員に配付

7月25日／・衆議院憲法改正案小委、日本自由党、日本社会党、新政会からそれぞれ修正案を説明

芦部信喜先生記念講演録と日本国憲法

7月26日／・衆議院憲法改正案小委、修正案に対する各派の意見を聴取

・ケーディス GHQ 民政局次長、終連局を通じて憲法改正案の修正要求を連絡

7月27日／・衆議院憲法改正案小委、前文の字句修正について大体の意見の一致を見、次いで第1章及び第2章について協議

7月29日／・衆議院憲法改正案小委、第2章の字句修正について大体の意見の一致を見、第3章第23条までについて協議

・ケーディス民政局次長、入江法制局長官らに憲法改正案の修正要求を説明

7月30日／・衆議院憲法改正案小委、第24条から第27条までについて協議（納税の義務に関する条文の挿入について、意見の一致を見る）

7月31日／・衆議院憲法改正案小委、第28条から第100条までについて協議し、修正に関する意見交換を終了

8月1日／・衆議院憲法改正案小委、前文、第1条、第27条及び第84条の修正に関しては保留し、その他に関して大体意見の一致を見る（8月中旬、芦田委員長からケーディス民政局次長に第9条の修正について説明し、了承を得る）

8月2日／・衆議院憲法改正案小委、第1条、第27条、第75条、第84条、第94条及び前文に関する修正について協議

8月5日／・ケーディス民政局次長、終連局に皇室財産部分に関する修正を伝達（本件について、民政局と入江法制局長官（8月6日）、佐藤法制局次長（8月15日）が会談）

8月8日／・衆議院憲法改正案小委、第3条、第4条、第5条、第6条、第7条、第51条及び第77条の修正について協議

8月9日／・衆議院議院法規調査委員会、新憲法に基づき国会法に規定すべき事項についての検討を開始

8月10日／・衆議院憲法改正案小委、附帯決議案文について協議

・内閣に教育刷新委員会設置（委員長：安倍能成）

8月13日／・衆議院憲法改正案小委、附帯決議案文について意見の一致を見る

芦部信喜先生記念講演録と日本国憲法

8月16日／・衆議院憲法改正案小委、附帯決議及び第84条について意見の一致を見る

8月17日／・衆議院憲法改正案小委、樋貝議長ら日本自由党所属の一部議員による皇室財産に関する規定の再修正申立てが原因で流会

8月19日／・衆議院憲法改正案小委、自由党議員の行動を非難する非公式声明を発表

8月20日／・衆議院憲法改正案小委、第63条及び第64条の修正について意見の一致を見る

8月21日／・衆議院憲法改正案委、帝国憲法改正案を附帯決議を付して修正議決

・社会党、帝国憲法改正案に対する修正案（原彪之助君外3名発議）を提出

・政府、新憲法附属法律案16件の要綱を発表

8月23日／・衆議院議長樋貝詮三辞任、後任山崎猛任命

8月24日／・衆議院帝国憲法改正案第1読会、委員長報告、質疑（尾崎行雄君）

・衆議院帝国憲法改正案第2読会、修正案（原彪之助君外3名提出）趣旨弁明・討論の後、否決し、次いで、委員長報告について討論の後、2/3以上の多数をもって委員長報告のとおり修正議決

・衆議院帝国憲法改正案第3読会、2/3以上の多数をもって第2読会の議決のとおり議決（賛成421：反対8）、吉田首相、政府の所信を表明

8月26日／・貴族院帝国憲法改正案第1読会、**帝国憲法改正案趣旨弁明**（質疑5日間：8月26日高柳賢三君、澤田牛麿君、板倉卓造君、宮澤俊義君、8月27日南原繁君、牧野英一君、8月28日淺井清君、佐々木惣一君、8月29日佐々木惣一君、8月30日秋田三一君、林博太郎君、山田三良君、井川忠雄君）

8月30日／・貴族院、帝国憲法改正案特別委員（45名）選定（同日、委員長：安倍能成、副委員長：橋本實斐を互選）

8月31日／・貴族院憲法改正案特委、委員会の運営方法について協議

- 95 -

芦部信喜先生記念講演録と日本国憲法

9月2日／・貴族院憲法改正案特委、帝国憲法改正案趣旨説明、質疑（9月26日まで）

9月27日／・貴族院憲法改正案特委、修正方について懇談会

9月28日／・貴族院憲法改正案特委、修正案等について協議のため小委員（15名、小委員長：橋本實斐）選任

・貴族院憲法改正案特委小委、修正審議を開始（10月2日まで）

10月3日／・貴族院憲法改正案特委、帝国憲法改正案修正議決

10月5日／・貴族院帝国憲法改正案第1読会、委員長報告、質疑、討論（10月6日まで　引続き第2読会）

10月6日／・貴族院帝国憲法改正案第3読会、帝国憲法改正案修正議決

10月7日／・衆議院、帝国憲法改正案を2/3以上の多数をもって貴族院の修正に同意

5. 憲法改正の成立

10月12日／・政府、「帝国議会において修正を加えた帝国憲法改正案」を枢密院に諮詢

10月17日／・極東委員会、「日本の新憲法の再検討に関する規定」を採択

10月29日／・枢密院、帝国憲法改正案を可決

11月3日／・日本国憲法公布（貴族院議場において記念式典　天皇陛下より勅語）

・新憲法普及会発足（会長：芦田均、副会長：金森德次郎）

11月25日／・第91回帝国議会召集（11月26日開院式　会期30日間、12月25日まで）

12月3日／・政府、貴族院に参議院議員選挙法案提出（貴院12月16日修正衆院12月25日可決　昭和22年2月24日公布）

12月27日／・第92回帝国議会召集（12月28日開院式　会期94日間　昭和22年3月31日まで　同日衆議院解散）

芦部信喜先生記念講演録と日本国憲法

昭和 22 年（1947 年）

1 月 1 日／・吉田首相、年頭の辞において労働攻勢を非難し「不逞の輩」発言

1 月 3 日／・GHQ、「新憲法再検討に関する吉田総理大臣あてマッカーサー元帥書簡」を示達

3 月 20 日／・米国政府、「日本の新憲法の再検討に関する規定」を日本以外の新聞に発表

3 月 27 日／・GHQ、憲法の再検討に関する極東委員会の政策決定及び吉田首相宛てマッカーサー元帥書簡を合わせて発表

3 月 31 日／・衆議院解散（帝国議会終る）

4 月 5 日／・第 1 回統一地方選挙（初の首長公選　4 月 30 日都道府県会及び市区町村会議員選挙）

4 月 20 日／・第 1 回参議院議員通常選挙（定数 250　全国区 100：社会 17、自由 8、民主 6、国協 3、共産 3、諸派 6、無所属 57　地方区 150：自由 31、社会 30、民主 23、国協 7、共産 1、諸派 7、無所属 51）

4 月 25 日／・第 23 回衆議院議員総選挙（定数 466　社会 143、自由 131、民主 126、国協 31、日農 4、共産 4、諸派 14、無所属 13）

5 月 2 日／・枢密院廃止

5 月 3 日／・日本国憲法施行（同日、憲法附属 24 法律施行）

芦部信喜先生記念講演録と日本国憲法

委員会 昭和 21 年 6 月 28 日（第 1 号）
帝国憲法改正案（政府提出）

本委員ハ昭和二十一年六月二十八日
（金曜日）議長ノ指名デ次ノ通リ選定サレタ

芦田　均君	江藤　夏雄君
小野　孝君	大久保留次郎君
加藤　宗平君	上林山榮吉君
神田　博君	木島　義夫君
木村　公平君	木村　義雄君
北　れい吉君	北浦圭太郎君
小島　徹三君	高橋　泰雄君
高橋　英吉君	武田　キヨ君
武田信之助君	塚田十一郎君
廿日出ひろし君	本田　英作君
三浦寅之助君	山本　正一君
青木　泰助君	犬養　健君
荊木　一久君	椎熊　三郎君
鈴木周次郎君	関谷　勝利君
長井　源君	林　連君
原　健三郎君	原　夫次郎君
保利　茂君	星　一君
森山　ヨネ君	山崎　岩男君
吉田　安君	井伊　誠一君
石川金次郎君	及川　規君
加藤シヅエ君	菊地養之輔君

芦部信喜先生記念講演録と日本国憲法

黒田　壽男君	杉本　勝次君
鈴木　義男君	田原　春次君
棚橋　小虎君	西尾　末廣君
原　彪之助君	松澤　兼人君
森　三樹二君	森戸　辰男君
井上　徳命君	宇田　国榮君
大橋　喜美君	越原　はる君
酒井　俊雄君	橋本　二郎君
林　平馬君	大石ヨシエ君
大谷　瑩潤君	田中　久雄君
竹谷源太郎君	穂積　七郎君
井上　赳君	池上　隆祐君
大島　多藏君	早川　崇君
藤田　榮君	赤澤　正道君
秋田　大助君	野坂　参三君

同月二十九日（土曜日）午前十一時九分

委員長理事互選ノ為メ次ノ委員ガ参集シタ

芦田　均君	江藤　夏雄君
上林山榮吉君	神田　博君
木島　義夫君	木村　公平君
木村　義雄君	北浦圭太郎君
小島　徹三君	高橋　泰雄君
武田　キヨ君	塚田十一郎君
廿日出ひろし君	本田　英作君
三浦寅之助君	犬養　健君
鈴木周次郎君	関谷　勝利君

芦部信喜先生記念講演録と日本国憲法

林　　　連君	原　健三郎君
原　夫次郎君	星　　　一君
森山　ヨネ君	山崎　岩男君
吉田　　安君	井伊　誠一君
加藤シヅエ君	菊地養之輔君
黒田　壽男君	杉本　勝次君
棚橋　小虎君	森　三樹二君
井上　徳命君	宇田　国榮君
越原　はる君	酒井　俊雄君
橋本　二郎君	林　　平馬君
田中　久雄君	大島　多蔵君
赤澤　正道君	野坂　参三君

〔年長者星一君投票管理者トナル〕

○**星投票管理者**　先例二依リマシテ、私ガ年長ノ故ヲ以テ投票管理者トナリ、是ヨリ委員長ノ互選ヲ行ヒマス

○**犬養委員**　投票ヲ用ヒズ、芦田均君ヲ委員長二御推薦致シタイト存ジマス

○**星投票管理者**　犬養君ノ意見二御異議アリマセヌカ

〔「異議ナシ」ト呼ブ者アリ〕

○**星投票管理者**　御異議ナシト認メマス、仍テ芦田均君ガ委員長二御当選ニナリマシタ、デハ委員長ドウゾ……

〔拍　手〕

〔芦田均君委員長席二着ク〕

○**芦田委員長**　一言御挨拶ヲ申上ゲマス、本委員会ハ、我ガ国ノ歴史二於ケル画期的ノ大事業ヲ付託セラレタノデアリマス、今回政府ヨリ提出サレマシタ帝国憲法改正案ハ、我ガ国ガ新タ二民主主義文化的国家トシテ出発スル基盤ヲ築キ上ゲルモノデアリマスカラ、我ガ国ノ歴史二於テ画期的ナ文献デアルノミナラズ、更二其ノ法案ノ中二ハ、軍備ヲ撤廃シ、戦争ヲ抛棄スル大理想ヲ織込ンデアルノデアリマスカラ、之ヲ世

- 100 -

芦部信喜先生記念講演録と日本国憲法

界史的ノ観点カラ眺メテモ、正ニ人類ノ国際生活ニ於ケル新タナル金字塔ヲ築クモノ
デアルト信ジマス、此ノ大事業ヲ我々委員ノ手デ如何ニ成シ遂ゲルカト言フコトガ、
将来ノ人類生活ノ上ニ大キナ意義ヲ与ヘルモノデアルコトハ、御同機ノ深ク確信スル
所デアリマス、此ノ大責任ヲ果ス為ニ、我々委員一同ハ勇気ト叡智トヲ以テ、専心此
ノ事業ニ挺身スルノ決意ヲ新タニスルモノデアリマス、不肖私ハ委員長タル光栄ヲ与
ヘラレマシタコトニ就テ、其ノ責任ノ極メテ重大ナルコトヲ痛感致シマス、何卒委員
諸君ニ於テハ、熱心ニ御協力ヲ与ヘラレ、私ノ至ラナイ所ヲ、諸君ノ熱意ト諸君ノ練
達堪能ナル識見ニ依ツテ補ツテ下サルコトヲ切望スル次第デアリマス

　　引続キ理事ノ互選ヲ行ヒマス

○**高橋（泰）委員**　理事ハ其ノ数ヲ十名トシ、委員長ニ於テ御指名アランコトヲ望ミ
マス（拍手）

○**芦田委員長**　高橋君ノ意見ニ御異議アリマセヌカ

　　〔「異議ナシ」ト呼ブ者アリ〕

○**芦田委員長**　御異議ナキモノト認メマス、ソレデハ

江藤　夏雄君	高橋　泰雄君
廿日出ひろし君	長井　源君
吉田　安君	菊地養之輔君
鈴木　義男君	宇田　国榮君
田中　久雄君	大島　多蔵君

ヲ理事ニ指名致シマス（拍手）本日ハ是ニテ散会致シマス

　　午前十一時十六分散会

貴族院帝国憲法改正議事速記録

　日本国憲法は、大日本帝国憲法を改正するという形式で制定されました。この帝国憲法改正案は、まず、昭和21年6月20日（第90回帝国議会）に衆議院に提出され、8月24日に修正議決（1　帝国憲法改正案）が行われた後、貴族院に送付されました。貴族院での審議の後、10月6日に修正議決（2　帝国憲法改正案）され、衆議院に回付された後、翌7日に衆議院がこの回付案に同意して、帝国憲法改正案が成立しました。そして、11月3日に天皇の裁可を経て日本国憲法として公布され、22年5月3日から施行されました。

第90回帝国議会貴族院議事速記録

　　　　第二十三号　　　（昭和21年8月26日）

　　　　第二十四号　　　（昭和21年8月27日）

　　　　第二十五号　　　（昭和21年8月28日）

　　　　第二十六号　　　（昭和21年8月29日）

　　　　第二十七号　　　（昭和21年8月30日）

　　　　第三十九号　　　（昭和21年10月5日）

　　　　第四十号　　　　（昭和21年10月6日）

芦部信喜先生記念講演録と日本国憲法

第９０回帝国議会貴族院帝国憲法改正案特別委員会議事速記録

第一号　　　　（昭和２１年８月３１日）

第二号　　　　（昭和２１年９月２日）

第三号　　　　（昭和２１年９月３日）

第四号　　　　（昭和２１年９月４日）

第五号　　　　（昭和２１年９月５日）

第六号　　　　（昭和２１年９月６日）

第七号　　　　（昭和２１年９月７日）

第八号　　　　（昭和２１年９月９日）

第九号　　　　（昭和２１年９月１０日）

第十号　　　　（昭和２１年９月１１日）

第十一号　　　（昭和２１年９月１２日）

第十二号　　　（昭和２１年９月１３日）

第十三号　　　（昭和２１年９月１４日）

第十四号　　　（昭和２１年９月１６日）

第十五号　　　（昭和２１年９月１７日）

第十六号　　　（昭和２１年９月１８日）

芦部信喜先生記念講演録と日本国憲法

第十七号　　　　（昭和２１年９月１９日）

第十八号　　　　（昭和２１年９月２０日）

第十九号　　　　（昭和２１年９月２１日）

第二十号　　　　（昭和２１年９月２３日）

第二十一号　　　（昭和２１年９月２５日）

第二十二号　　　（昭和２１年９月２６日）

第二十三号　　　（昭和２１年９月２８日）

第二十四号　　　（昭和２１年１０月３日）

第９０回帝国議会貴族院帝国憲法改正案特別委員小委員会議事速記録

第一号　　　　　（昭和２１年１０月２日）

第９０回帝国議会貴族院帝国憲法改正案特別委員小委員会筆記要旨

第一回　　　　　（昭和２１年９月２８日）

第二回　　　　　（昭和２１年９月３０日）

第三回　　　　　（昭和２１年１０月１日）

第四回　　　　　（昭和２１年１０月２日）

- 104 -

芦部信喜先生記念講演録と日本国憲法

第90回帝国議会貴族院帝国憲法改正案特別委員小委員会筆記要旨の付録

- **1　帝国憲法改正案**　　　（昭和21年8月24日　衆議院修正議決）

付録1

　　帝國憲法改正案
右の政府提出案は本院において修正議決した、因つて議院法第五十四條により送付する。
　　昭和二十一年八月二十四日

　　　　　　　　　　　　　　　　　衆議院議長　山崎　猛

　　　貴族院議長公爵徳川家正殿

────────────

　朕は、國民の至高の總意に基いて、基本的人權を尊重し、國民の自由の福祉を永久に確保し、民主主義的傾向の強化に對する一切の障害を除去し、進んで戰爭を抛棄して、世界永遠の平和を希求し、これにより國家再建の礎を固めるために、國民の自由に表明した意思による憲法の全面的改正を意圖し、ここに帝國憲法第七十三條によつて、帝國憲法の改正案を帝國議會の議に付する。
　　御名御璽
　　　昭和二十一年六月二十日

　　　　　　　　　　　　　　　　内閣總理大臣　吉田　茂

────────────

- ### 日本國憲法

　　　　　　　　　　　　　　（小字及び────は衆議院修正）
　日本國民は、國會における正當に選擧された ○國會における○代表者を通じて、我ら自身と 行動し、われらとわれらの 子孫のために、諸國民との間に平和的協力を成立させ、協和による成果と、日本 わが 國全土に

芦部信喜先生記念講演録と日本国憲法

わたつて自由の福祉^{もたらす惠澤}を確保し、政府の行爲^{行動}によつて再び戰爭の慘禍が發生しないやうにすることを決意し、ここに國民の總意が至高なものである^{主權が國民に存する}ことを宣言し、この憲法を確定する。そもそも國政は、國民の崇高な信託によるものであり、^{あつて、}その權威は國民に由來し、その權力は國民の代表者がこれを行ひ、^{行使し、}その利益^{福利}は國民がこれを受けるものであつて、^{享受するものである。}これは人類普遍の原理であり、この憲法は、この^{かかる}原理に基く。ものである。 我^{われ}らは、この憲法^{これ}に反する一切の○^{憲法、}○^{法令と}^{及び}詔勅を廢止^{排除}する。

日本國民は、常に平和を念願し、人間相互の關係を支配する高遠な理想を深く自覺するものであつて、我^{われ}らの安全と生存をあげて、平和を愛する世界の諸國民の公正と信義に委ねようと決意した。我^{われ}らは、平和を維持し、專制と隷從と`壓迫と偏狹を地上から永遠に拂拭^{除去}しようと努めてゐる國際社會に伍して、名譽ある地位を占めたいものと思ふ。我^{われ}らは、すべての國^{全世界}の國民が、ひとしく恐怖と缺乏から解放され、^{免かれ、}平和のうちに生存する權利を有することを確認する。

我^{われ}らは、いづれの國家も、自國のことのみに專念して他國を無視してはならぬ^{ない}のであつて、政治道德の法則は、普遍的なものであると信ずる。この法則に從ふことは、自國の主權を維持し、他國と對等關係に立たうとする各國の責務であると信ずる。

日本國民は、國家の名譽に懸^かけ、全力をあげてこの高遠な主義^{理想}と目的を達成することを誓ふ。

第一章　天　皇

第一條　天皇は、日本國の象徴であり日本國民統合の象徴であつて、この地位は、^{○主權の存する}○日本國民の至高の總意に基く。
第二條　皇位は、世襲のものであつて、國會の議決した皇室典範の定めるところにより、これを繼承する。
第三條　天皇の國務^{國事}に關するすべての行爲には、内閣の助言と承認を必要とし、内閣が、その責任を負ふ。
第四條　天皇は、この憲法の定める國務^{國家に關する行爲}のみを行ひ、政治^{國政}に關する權能を有しない。

芦部信喜先生記念講演録と日本国憲法

天皇は、法律の定めるところにより、その權能^{國事に關する行爲}を委任することができる。

第五條　皇室典範の定めるところにより攝政を置くときは、攝政は、天皇の名でその權能^{國事に關する行爲}を行ふ。この場合には、前條第一項の規定を準用する。

第六條　天皇は、國會の指名に基いて、内閣總理大臣を任命する。
　　　　　天皇は、内閣の指名に基いて、最高裁判所の長たる裁判官を任命する。

第七條　天皇は、内閣の助言と承認により、國民のために、左の國務^{國事に關する行爲}を行ふ。
　一　憲法改正、法律、政令及び條約を公布すること。
　二　國會を召集すること。
　三　衆議院を解散すること。
　四　國會議員の總選擧の施行を公示すること。
　五　國務大臣及び法律の定めるその他の官吏の任免竝びに全權委任状及び大使及び公使の信任状を認證すること。
　六　大赦、特赦、減刑、刑の執行の免除及び復權を認證すること。
　七　榮典を授與すること。
　八　批准書及び法律の定めるその他の外交文書を認證すること。
　九　外國の大使及び公使を接受すること。
　十　儀式を行ふこと。

第八條　皇室に財産を譲り渡し、又は皇室が、財産を譲り受け、若しくは賜與することは、國會の議決に基かなければならない。

第二章　戰爭の抛棄^{放棄}

第九條　國の主權^{日本國民は、正義と秩序を基調とする國際平和を誠實に希求し、國權}の發動たる戰爭と、武力による威嚇又は武力の行使は、他國との間の紛爭の^{國際紛爭を}解決の^{する}手段としては、永久にこれを抛棄^{放棄}する。

　　^{○前項の目的を達するため、}○陸海空軍その他の戰力は、これを保持してはならない。^{しない。}國の交戰權は、これを認めない。

- 107 -

芦部信喜先生記念講演録と日本国憲法

第三章　國民の權利及び義務

第十條　日本國民たる要件は、法律でこれを定める。

第十[十一]條　國民は、すべての基本的人權の享有を妨げられない。この憲法が國民に保障する基本的人權は、侵すことのできない永久の權利として、現在及び將來の國民に與へられる。

第十一[十二]條　この憲法が國民に保障する自由及び權利は、國民の不斷の努力によつて、これを保持しなければならない。又、國民は、これを濫用してはならぬ[ない]のであつて、常に公共の福祉のためにこれを利用する責任を負ふ。

第十二[十三]條　すべて國民は、個人として尊重される。生命、自由及び幸福追求に對する國民の權利については、公共の福祉に反しない限り、立法その他の國政の上で、最大の尊重を必要とする。

第十三[十四]條　すべて國民は、法の下に平等であつて、人種、信條、性別、社會的身分又は門地により、政治的、經濟的又は社會的關係において、差別を受けない。[されない。]

　　華族その他の貴族の制度は、これを認めない。

　　榮譽、勳章その他の榮典の授與は、いかなる特權も伴はない。榮典の授與は、現にこれを有し、又は將來これを受ける者の一代に限り、その効力を有する。

第十四[十五]條　公務員を選定し、及びこれを罷免することは、國民固有の權利である。

　　すべて公務員は、全體の奉仕者であつて、一部の奉仕者ではない。

　　すべて選擧における投票の秘密は、これを侵してはならない。選擧人は、その選擇に關し公的にも私的にも責任を問はれない。

第十五[十六]條　何人も、損害の救濟、公務員の罷免、法律、命令又は規則の制定、廢止又は改正その他の事項に關し、平穩に請願する權利を有し、何人も、かかる請願をしたためにいかなる差別待遇も受けない。

第十七條　何人も、公務員の不法行爲により、損害を受けたときは、法律の定めるところにより、國又は公共團體に、その賠償を求めることができる。

第十六[十八]條　何人も、いかなる奴隷的拘束も受けない。又、犯

芦部信喜先生記念講演録と日本国憲法

罪に因る處罰の場合を除いては、その意に反する苦役に服させられない。

第十七^{十九}條　思想及び良心の自由は、これを侵してはならない。

第十八^{二十}條　信教の自由は、何人に對してもこれを保障する。いかなる宗教團體も、國から特權を受け、又は政治上の權力を行使してはならない。

　　　何人も、宗教上の行爲、祝典、儀式又は行事に參加することを強制されない。

　　　國及びその機關は、宗教教育その他いかなる宗教的活動もしてはならない。

第十九^{二十一}條　集會、結社及び言論、出版その他一切の表現の自由は、これを保障する。

　　　檢閲は、これをしてはならない。通信の秘密は、これを侵してはならない。

第二十^{二十二}條　何人も、公共の福祉に反しない限り、居住、移轉及び職業選擇の自由を有する。

　　　何人も、外國に移住し、又は國籍を離脱する自由を侵されない。

第二十一^{二十三}條　學問の自由は、これを保障する。

第二十二^{二十四}條　婚姻は、兩性の合意のみに基いて成立し、夫婦が同等の權利を有することを基本として、相互の協力により、維持されなければならない。

　　　配偶者の選擇、財産權、相續、住居の選定、離婚竝びに婚姻及び家族に關するその他の事項に關しては、法律は、個人の權威^{尊嚴}と兩性の本質的平等に立脚して、制定されなければならない。

第二十三^{二十五}條　すべて國民は、健康で文化的な最低限度の生活を營む權利を有する。

　　　法律^國は、すべての生活部面について、社會の福祉、生活の^{社會}保障及び公衆衛生の向上及び増進のために立案され^{に努め}なければならない。

第二十四^{二十六}條　すべて國民は、法律の定めるところにより、その能力に應じて、ひとしく教育を受ける權利を有する。

　　　すべて國民は、^{○法律の定めるところにより、}○その保護する兒童^{子女}に初等^{普通}教育を受けさせる義務を負ふ。初等^{義務}教育は、これを無償とする。

- 109 -

芦部信喜先生記念講演録と日本国憲法

第二十五〔二十七〕條　すべて國民は、勤勞の權利を有する。し、義務を負ふ。

　　　賃金、就業時間〇、休息〇その他の勤勞條件に關する基準は、法律でこれを定める。

　　　兒童は、これを酷使してはならない。

第二十六〔二十八〕條　勤勞者の團結する權利及び團體交渉その他の團體行動をする權利は、これを保障する。

第二十七〔二十九〕條　財産權は、これを侵してはならない。

　　　財産權の内容は、公共の福祉に適合するやうに、法律でこれを定める。

　　　私有財産は、正當な補償の下に、これを公共のために用ひることができる。

第三十條　國民は、法律の定めるところにより、納税の義務を負ふ。

第二十八〔三十一〕條　何人も、法律の定める手續によらなければ、その生命若しくは自由を奪はれ、又はその他の刑罰を科せられない。

第二十九〔三十二〕條　何人も、裁判所において裁判を受ける權利を奪はれない。

第三十〔三十三〕條　何人も、現行犯として逮捕される場合を除いては、權限を有する司法官憲が發し、且つ理由となつてゐる犯罪を明示する令状によらなければ、逮捕されない。

第三十一〔三十四〕條　何人も、理由を直ちに告げられ、且つ、直ちに辯護人に依頼する權利を興へられなければ、抑留又は拘禁されない。又、何人も、正當な理由がなければ、拘禁されず、要求があれば、その理由は、直ちに本人及びその辯護人の出席する公開の法廷で示されなければならない。

第三十二〔三十五〕條　何人も、その住居、書類及び所持品について、侵入、捜索及び押收を受けることのない權利は、第三十〔三十三〕條の場合を除いては、正當な理由に基いて發せられ、且つ捜索する場所及び押收する物を明示する令状がなければ、侵されない。

　　　捜索又は押收は、權限を有する司法官憲が發する各別の令状により、これを行ふ。

第三十三〔三十六〕條　公務員による拷問及び殘虐な刑罰は、絶對にこれを禁ずる。

第三十四〔三十七〕條　すべて刑事事件においては、被告人は、公平

芦部信喜先生記念講演録と日本国憲法

な裁判所の迅速な公開裁判を受ける權利を有する。

　　刑事被告人は、すべての證人に對して審問する機會を充分に與へられ、又、公費で自己のために強制的手續により證人を求める權利を有する。

　　刑事被告人は、いかなる場合にも、資格を有する辯護人を依頼することができる。被告人が自らこれを依頼することができないときは、國でこれを附する。

第三十五[三十八]條　何人も、自己に不利益な供述を強要されない。強制、拷問若しくは脅迫の下での[による]自白又は不當に長く抑留若しくは拘禁された後の自白は、これを證據とすることができない。

　　何人も、自己に不利益な唯一の證據が本人の自白である場合には、有罪とされ、又は刑罰を科せられない。

第三十六[三十九]條　何人も、實行の時に適法であつた行爲又は既に無罪とされた行爲については、刑事上の責任を問はれない。又、同一の犯罪について、重ねて刑事上の責任を問はれない。

第四十條　何人も、抑留又は拘禁された後、無罪の裁判を受けたときは、法律の定めるところにより、國にその補償を求めることができる。

第四章　國　會

第三十七[四十一]條　國會は、國權の最高機關であつて、國の唯一の立法機關である。

第三十八[四十二]條　國會は、衆議院及び參議院の兩議院でこれを構成する。

第三十九[四十三]條　兩議院は、全國民を代表する選擧された議員でこれを組織する。

　　兩議院の議員の定數は、法律でこれを定める。

第四十[四十四]條　兩議院の議員及びその選擧人の資格は、法律でこれを定める。但し、人種、信條、性別、社會的身分又は門地[門地、教育、財産又は収入]によつて差別してはならない。

第四十一[四十五]條　衆議院議員の任期は、四年とする。但し、衆議院解散の場合には、その期間滿了前に終了する。

第四十二[四十六]條　參議院議員の任期は、六年とし、三年ごとに議員の半數を改選する。

芦部信喜先生記念講演録と日本国憲法

第四十三^{四十七}條　選擧區、投票の方法その他兩議院の議員の選擧に關する事項は、法律でこれを定める。

第四十四^{四十八}條　何人も、同時に兩議院の議員たることはできない。

第四十五^{四十九}條　兩議院の議員は、法律の定めるところにより、國庫から相當額の歳費を受ける。

第四十六^{五十}條　兩議院の議員は、法律の定める場合を除いては、國會の會期中逮捕されず、會期前に逮捕された議員は、その議院の要求があれば、會期中これを釋放しなければならない。

第四十七^{五十一}條　兩議院の議員は、議院で行つた演説、討論又は表決について、院外で責任を問はれない。

第四十八^{五十二}條　國會の常會は、毎年一囘これを召集する。

第四十九^{五十三}條　内閣は、國會の臨時會の召集を決定することができる。いづれかの議院の總議員の四分の一以上の要求があれば、内閣は、その召集を決定しなければならない。

第五十^{五十四}條　衆議院が解散されたときは、解散の日から四十日以内に、衆議院議員の總選擧を行ひ、その選擧の日から三十日以内に、國會を召集しなければならない。

　衆議院が解散されたときは、參議院は同時に閉會となる。但し、内閣は、國に緊急の必要があるときは、參議院の緊急集會を求めることができる。

　前項但書の緊急集會において採られた措置は、臨時のものであつて、次の國會開會の後十日以内に、衆議院の同意がない場合には、その效力を失ふ。

第五十一^{五十五}條　兩議院は、各々その議員の選擧又は資格に關する爭訟を裁判する。但し、議員の議席を失はせるには、出席議員の三分の二以上の多數による議決を必要とする。

第五十二^{五十六}條　兩議院は、各々その總議員の三分の一以上の出席がなければ、議事を開き議決することができない。

　兩議院の議事は、この憲法に特別の定のある場合を除いては、出席議員の過半數でこれを決し、可否同數のときは、議長の決するところによる。

第五十三^{五十七}條　兩議院の會議は、公開とする。但し、出席議員の三分の二以上の多數で議決したときは、秘密會を開くことができる。

芦部信喜先生記念講演録と日本国憲法

　　　　兩議院は、各々その會議の記録を保存し、秘密會の記録の中で特に秘密を要すると認められるもの以外は、これを公表し、且つ一般に頒布しなければならない。

　　　　出席議員の五分の一以上の要求があれば、各議員の表決は、これを會議録に記載しなければならない。

第五十四^{五十八}條　兩議院は、各々その議長その他の役員を選任する。

　　　　兩議院は、各々その會議その他の手續及び内部の規律に關する規則を定め、又、院内の秩序をみだした議員を懲罰することができる。但し、議員を除名するには、出席議員の三分の二以上の多數による議決を必要とする。

第五十五^{五十九}條　法律案は、この憲法に特別の定のある場合を除いては、兩議院で可決したとき法律となる。

　　　　衆議院で可決し、參議院でこれと異なつた議決をした法律案は、衆議院で出席議員の三分の二以上の多數で再び可決したときは、法律となる。

　　　　參議院が、衆議院の可決した法律案を受け取つた後、國會休會中の期間を除いて六十日以内に、議決しないときは、衆議院は、參議院がその法律案を否決したものとみなすことができる。

第五十六^{六十}條　豫算は、さきに衆議院に提出しなければならない。

　　　　豫算について、參議院で衆議院と異なつた議決をした場合に、法律の定めるところにより、兩議院の協議會を開いても意見が一致しないとき、又は參議院が、衆議院の可決した豫算を受け取つた後、國會休會中の期間を除いて四十日^{三十日}以内に、議決しないときは、衆議院の議決を國會の議決とする。

第五十七^{六十一}條　條約の締結に必要な國會の承認については、前條第二項の規定を準用する。

第五十八^{六十二}條　兩議院は、各々國務^{國政}に關する調査を行ひ、これに關して、證人の出頭及び證言竝びに記録の提出を要求することができる。

第五十九^{六十三}條　内閣總理大臣その他の國務大臣は、兩議院の一に議席を有すると有しないとにかかはらず、何時でも議案について發言するため議院に出席することができる。又、答辯又

- 113 -

は説明のため出席を求められたときは、出席しなければならない。

第六十^{六十四}條　國會は、罷免の訴追を受けた裁判官を裁判するため、兩議院の議員で組織する彈劾裁判所を設ける。

　　彈劾に關する事項は、法律でこれを定める。

第五章　内　閣

第六十一^{六十五}條　行政權は、内閣に屬する。

第六十二^{六十六}條　内閣は、法律の定めるところにより、その首長たる内閣總理大臣及びその他の國務大臣でこれを組織する。

　　内閣は、行政權の行使について、國會に對し連帶して責任を負ふ。

第六十三^{六十七}條　内閣總理大臣は、○國會議員の中から○國會の議決で、これを指名する。この指名は、他のすべての案件に先だつて、これを行ふ。

　　衆議院と參議院とが異なつた指名の議決をした場合に、法律の定めるところにより、兩議院の協議會を開いても意見が一致しないとき、又は衆議院が指名の議決をした後、國會休會中の期間を除いて二十日^{十日}以内に、參議院が、指名の議決をしないときは、衆議院の議決を國會の議決とする。

第六十四^{六十八}條　内閣總理大臣は、國會の承認により、國務大臣を任命する。この承認については、前條第二項の規定を準用する。但し、その過半數は、國會議員の中から選ばれなければならない。

　　内閣總理大臣は、任意に國務大臣を罷免することができる。

第六十五^{六十九}條　内閣は、衆議院で不信任の決議案を可決し、又は信任の決議案を否決したときは、十日以内に衆議院が解散されない限り、總辭職をしなければならない。

第六十六^{七十}條　内閣總理大臣が缺けたとき、又は衆議院議員總選擧の後に初めて國會の召集があつたときは、内閣は、總辭職をしなければならない。

第六十七^{七十一}條　前二條の場合には、内閣は、あらたに内閣總理大臣が任命されるまで引き續きその職務を行ふ。

第六十八^{七十二}條　内閣總理大臣は、内閣を代表して議案を國會に提出し、一般國務及び外交關係について國會に報告し、竝び

芦部信喜先生記念講演録と日本国憲法

に行政各部を指揮監督する。

第六十九{七十三}條　內閣は、他の一般行政事務の外、左の事務を行ふ。

　　一　法律を誠實に執行し、國務を總理すること。

　　二　外交關係を處理すること。

　　三　條約を締結すること。但し、事前に、時宜によつては事後に、國會の承認を經ることを必要とする。

　　四　法律の定める基準に從ひ、官吏に關する事務を掌理すること。

　　五　豫算を作成して國會に提出すること。

　　六　この憲法及び法律の規定を實施するために、政令を制定すること。但し、政令には、特にその法律の委任がある場合を除いては、罰則を設けることができない。

　　七　大赦、特赦、減刑、刑の執行の免除及び復權を決定すること。

第七十{七十四}條　法律及び政令には、すべて主任の國務大臣が署名し、內閣總理大臣が連署することを必要とする。

第七十一{七十五}條　國務大臣は、その在任中、內閣總理大臣の同意がなければ、訴追されない。但し、これがため、訴追の權利は、害されない。

第六章　司　法

第七十二{七十六}條　すべて司法權は、最高裁判所及び法律の定めるところにより設置する下級裁判所に屬する。

　　特別裁判所は、これを設置することができない。行政機關は、終審として裁判を行ふことができない。

　　すべて裁判官は、その良心に從ひ獨立してその職權を行ひ、この憲法及び法律にのみ拘束される。

第七十三{七十七}條　最高裁判所は、訴訟に關する手續、辯護士、裁判所の內部規律及び司法事務處理に關する事項について、規則を定める權限を有する。

　　檢察官は、最高裁判所の定める規則に從はなければならない。

　　最高裁判所は、下級裁判所に關する規則を定める權限を、

- 115 -

芦部信喜先生記念講演録と日本国憲法

下級裁判所に委任することができる。

第七十四[七十八]條　裁判官は、裁判により、心身の故障のために職務を執ることができないと決定された場合を除いては、公の彈劾によらなければ罷免されない。裁判官の懲戒處分は、行政機關がこれを行ふことはできない。

第七十五[七十九]條　最高裁判所は、○その長たる裁判官及び○法律の定める員數の○その他の○裁判官でこれを構成し、その○長たる裁判官以外の○裁判官は、すべて内閣でこれを任命し、法律の定める年齢に達した時に退官する。[する。]

　　最高裁判所の裁判官の任命は、その任命後初めて行はれる衆議院議員總選擧の際國民の審査に付し、その後十年を經過した後初めて行はれる衆議院議員總選擧の際更に審査に付し、その後も同樣とする。

　　前項の場合において、投票者の多數が裁判官の罷免を可とするときは、その裁判官は、罷免される。

　　審査に關する事項は、法律でこれを定める。
　　　最高裁判所の裁判官は、法律の定める年齢に達した時に退官する。

　　最高裁判所の裁判官は、すべて定期に相當額の報酬を受ける。この報酬は、在任中、これを減額することができない。

第七十六[八十]條　下級裁判所の裁判官は、最高裁判所の指名した者の名簿によつて、内閣でこれを任命する。その裁判官は、任期を十年とし、再任されることができる。但し、法律の定める年齢に達した時には退官する。

　　下級裁判所の裁判官は、すべて定期に相當額の報酬を受ける。この報酬は、在任中、これを減額することができない。

第七十七[八十一]條　最高裁判所は、終審裁判所である。

　　最高裁判所は、一切の法律、命令、規則又は處分が憲法に適合するかしないかを決定する權限を有する。[終審裁判所である。]

第七十八[八十二]條　裁判の對審及び判決は、公開法廷でこれを行ふ。

　　裁判所が、裁判官の全員一致で、公の秩序又は善良の風俗を害する虞があると決した場合には、對審は、公開しないでこれを行ふことができる。但し、政治犯罪、出版に關する犯罪又はこの憲法第三章で保障する國民の權利が問題となつてゐる事件の對審は、常にこれを公開しなければならない。

- 116 -

芦部信喜先生記念講演録と日本国憲法

第七章　財　政

第七十九[八十三]條　國の財政を處理する權限は、國會の議決に基いて、これを行使しなければならない。

第八十[八十四]條　あらたに租税を課し、又は現行の租税を變更するには、法律又は法律の定める條件によることを必要とする。

第八十一[八十五]條　國費を支出し、又は國が債務を負擔するには、國會の議決に基くことを必要とする。

第八十二[八十六]條　内閣は、毎會計年度の豫算を作成し、國會に提出して、その審議を受け議決を經なければならない。

第八十三[八十七]條　豫見し難い豫算の不足に充てるため、國會の議決に基いて豫備費を設け、内閣の責任でこれを支出することができる。

　　すべて豫備費の支出については、内閣は、事後に國會の承諾を得なければならない。

第八十四[八十八]條　世襲財産以外の[すべて]皇室の財産は、すべて國に屬する。皇室財産から生ずる收益は、すべて國庫の收入とし、法律の定める[すべて]皇室の支出[費用]は、豫算に計上して國會の議決を經なければならない。

第八十五[八十九]條　公金その他の公の財産は、宗教上の組織若しくは團體の使用、便益若しくは維持のため、又は公の支配に屬しない慈善、教育若しくは博愛の事業に對し、これを支出し、又はその利用に供してはならない。

第八十六[九十]條　國の收入支出の決算は、すべて毎年會計檢査院がこれを檢査し、内閣は、次の年度に、その檢査報告とともに、これを國會に提出しなければならない。

　　會計檢査院の組織及び權限は、法律でこれを定める。

第八十七[九十一]條　内閣は、國會及び國民に對し、定期に、少くとも毎年一回、國の財政状況について報告しなければならない。

第八章　地方自治

第八十八[九十二]條　地方公共團體の組織及び運營に關する事項は、地方自治の本旨に基いて、法律でこれを定める。

第八十九[九十三]條　地方公共團體には、法律の定めるところによ

り、その議事機關として議會を設置する。

　　地方公共團體の長、その議會の議員及び法律の定めるその他の更員は、その地方公共團體の住民が、直接これを選擧する。

第九十九+四條　地方公共團體は、その財産を管理し、事務を處理し、及び行政を執行する權能を有し、法律の範圍内で條例を制定することができる。

第九十一九+五條　一の地方公共團體のみに適用される特別法は、法律の定めるところにより、その地方公共團體の住民の投票においてその過半數の同意を得なければ、國會は、これを制定することができない。

第九章　改　正

第九十二九+六條　この憲法の改正は、各議院の總議員の三分の二以上の贊成で、國會が、これを發議し、國民に提案してその承認を經なければならない。この承認には、特別の國民投票又は國會の定める選擧の際行はれる投票において、その過半數の贊成を必要とする。

　　憲法改正について前項の承認を經たときは、天皇は、國民の名で、この憲法と一體を成すものとして、直ちにこれを公布する。

第十章　最高法規

第九十三九+七條　この憲法が日本國民に保障する基本的人權は、人類の多年にわたる自由獲得の努力の成果であつて、これらの權利は、過去幾多の試錬に堪へ、現在及び將來の國民に對し、侵すことのできない永久の權利として信託されたものである。

第九十四九+八條　この憲法竝びにこれに基いて制定された法律及び條約は、は、國の最高法規とし、であつて、その條規に反する法律、命令、詔勅及び國務に關するその他の行爲の全部又は一部は、その効力を有しない。
　　　日本國が締結した條約及び確立された國際法規は、これを誠實に遵守することを必要とする。

第九十五九+九條　天皇又は攝政及び國務大臣、國會議員、裁判官その他の公務員は、この憲法を尊重し擁護する義務を負ふ。

芦部信喜先生記念講演録と日本国憲法

第十一章　補　則

第九十六[百]條　この憲法は、公布の日から起算して六箇月を經過した日から、これを施行する。

　　　この憲法を施行するために必要な法律の制定、參議院議員の選擧及び國會召集の手續竝びにこの憲法を施行するために必要な準備手續は、前項の期日よりも前に、これを行ふことができる。

第九十七條　この憲法施行の際現に華族その他の貴族の地位にある者については、その地位は、その生存中に限り、これを認める。但し、將來、華族その他の貴族たることにより、いかなる政治的權力も有しない。

第九十八[百一]條　この憲法施行の際、參議院がまだ成立してゐないときは、その成立するまでの間、衆議院は、國會としての權限を行ふ。

第九十九[百二]條　この憲法による第一期の參議院議員のうち、その半數の者の任期は、これを三年とする。その議員は、法律の定めるところにより、これを定める。

第百[百三]條　この憲法施行の際現に在職する國務大臣、衆議院議員及び裁判官竝びにその他の公務員で、その地位に相應する地位がこの憲法で認められてゐる者は、法律で特別の定をした場合を除いては、この憲法施行のため、當然にはその地位を失ふことはない。但し、この憲法によつて、後任者が選擧又は任命されたときは、當然その地位を失ふ。

芦部信喜先生記念講演録と日本国憲法

2 帝国憲法改正案 （昭和２１年１０月６日 貴族院修正議決）

付録２

帝國憲法改正案
右別冊ノ通修正議決セリ依テ及報告候也
　昭和二十一年十月三日

　　　　　　　　　　　　　　委員長　安倍　能成

　　貴族院議長公爵徳川家正殿

　　　　　　　　　（小字及――ハ特別委員修正）

日本國憲法

　日本國民は、正當に選擧された國會における代表者を通じて行動し、われらとわれらの子孫のために、諸國民との協和による成果と、わが國全土にわたつて自由のもたらす惠澤を確保し、政府の行動^{行爲}によつて再び戰爭の慘禍が發生し^{起ることの}ないやうにすることを決意し、ここに主權が國民に存することを宣言し、この憲法を確定する。そもそも國政は、國民の崇高^{嚴肅}な信託によるものであつて、その權威は國民に由來し、その權力は國民の代表者がこれを行使し、その福利は國民がこれを享受する。ものである。これは人類普遍の原理であり、この憲法は、かかる原理に基く。^{○ものである。}○われらは、これに反する一切の憲法、法令及び詔勅を排除する。
　日本國民は、常に^{恒久の}平和を念願し、人間相互の關係を支配する高遠^{崇高}な理想を深く自覺するものであつて、われらの安全と生存をあげて、平和を愛する世界の諸國民の公正と信義に委ね^{信頼して、われらの安全と生存を保持し}ようと決意した。われらは、平和を維持し、專制と隷從、壓迫と偏狹を地上から永遠に除去しようと努めてゐる國際社會に伍して、^{おいて、}名譽ある地位を占めたいものと思ふ。われらは、全世界の國民が、ひとしく恐怖と缺乏

芦部信喜先生記念講演録と日本国憲法

から免かれ、平和のうちに生存する權利を有することを確認する。

われらは、いづれの國家も、自國のことのみに専念して他國を無視してはならないのであつて、政治道徳の法則は、普遍的なものであると信ずる。^{あり、}この法則に從ふことは、自國の主權を維持し、他國と對等關係に立たうとする各國の責務であると信ずる。

日本國民は、國家の名譽にかけ、全力をあげてこの高遠^{崇高}な理想と目的を達成することを誓ふ。

第十五條　公務員を選定し、及びこれを罷免することは、國民固有の權利である。

すべて公務員は、全體の奉仕者であつて、一部の奉仕者ではない。

公務員の選擧については、成年者による普通選擧を保障する。

すべて選擧における投票の祕密は、これを侵してはならない。選擧人は、その選擇に關し公的にも私的にも責任を問はれない。

第五十九條　法律案は、この憲法に特別の定のある場合を除いては、兩議院で可決したとき法律となる。

衆議院で可決し、參議院でこれと異なつた議決をした法律案は、衆議院で出席議員の三分の二以上の多數で再び可決したときは、法律となる。

前項の規定は、法律の定めるところにより、衆議院が、兩議院の協議會を開くことを求めることを妨げない。

參議院が、衆議院の可決した法律案を受け取つた後、國會休會中の期間を除いて六十日以内に、議決しないときは、衆議院は、參議院がその法律案を否決したものとみなすことができる。

第六十六條　内閣は、法律の定めるところにより、その首長たる内閣總理大臣及びその他の國務大臣でこれを組織する。

内閣總理大臣その他の國務大臣は、文民でなければならない。

内閣は、行政權の行使について、國會に對し連帯して責任を負ふ。

芦部信喜先生記念講演録と日本国憲法

3　帝国憲法改正案に対する修正案　（昭和２１年１０月５日提出）

付録3

- **帝国憲法改正案ニ対スル修正案**（昭和二十一年十月五日提出、発議者高柳賢三、山田三良）
  帝国憲法改正案中左ノ通修正ス
  第七条第五号中「竝びに全権委任状及び大使及び公使の信任状」ヲ削リ、同条第六号中「認證すること」ヲ「行ふこと」ニ改メ、同条第八号中「批准書及び」ヲ「国会の承認により内閣の締結した条約を批准すること竝びに」ニ改メ、「その他の」ヲ削リ、同条第九号中「外国の大使」ノ上ニ「内閣の指名に基いて大使、公使及び全権委員を任命すること竝びに」ヲ加ヘル

  ─────────

  帝国憲法改正案ニ対スル修正案（昭和二十一年十月五日提出、発議者牧野英一、田所美治）
  帝国憲法改正案中左ノ通修正ス
  第二十四条ニ第一項トシテ左ノ如ク加ヘル
  家族生活はこれを尊重する。

芦部信喜先生記念講演録と日本国憲法

4　貴族院帝国憲法改正案特別委員小委員略歴

付録4

貴族院帝国憲法改正案特別委員小委員略歴

- **橋本實斐**（はしもと・さねあや、小委員長、伯爵、旧公卿、研究会）

  明治二十四年三月生、大正六年京都帝国大学法科大学卒、同九年以降農商務属、特許局事務官、同抗告審判官、農林事務官兼産業組合事務官、兼内閣総理大臣秘書官等を歴任、昭和六年十一月から同二十二年五月まで貴族院議員、その間内務参与官、文部政務次官を歴任、昭和五十一年十月九日逝去。

- **淺野長武**（あさの・ながたけ、小委員、侯爵、旧広島藩主、火曜会）

  明治二十八年七月生、大正九年東京帝国大学文学部卒、同大学院修、大正十年以降内務省、帝国学士院、東京府各嘱託、学習院講師等、昭和十五年十二月から同二十二年五月まで貴族院議員、その間昭和十八年文部省委員、昭和四十四年一月三日逝去。

- **織田信恒**（おだ・のぶつね、小委員、子爵、旧天童藩主、研究会）

  明治二十二年八月生、大正四年京都帝国大学法科大学卒、同年以降日本銀行勤務、東京朝日新聞社、安田保善社各嘱託、鉄道大臣秘書官等、昭和三年七月から同二十二年五月まで貴族院議員、その間外務参与官、農林政務次官を歴任、昭和四十二年五月二十日逝去。

- **山田三良**（やまだ・さぶろう、小委員、帝国学士院会員議員、無所属倶樂部）

  明治二年十一月生、同二十九年帝国大学法科大学卒、同大学院修、法学博士、東京帝国大学法科大学助教授、同教授、京城

- 123 -

芦部信喜先生記念講演録と日本国憲法

帝国大学総長、東京帝国大学法学部長、常設仲裁裁判所裁判官、国史編修院長、学術研究会議副会長、著作権審査会委員等歴任、昭和十八年十二月から同二十二年五月まで貴族院議員、昭和四十年十二月十七日逝去。

- **牧野英一**（まきの・えいいち、小委員、勅選議員、無所属倶樂部）
  明治十一年三月生、同三十六年東京帝国大学法科大学卒、法学博士、東京地方裁判所判事、東京区裁判所兼同地方裁判所検事、東京帝国大学法科大学教授、同名誉教授、臨時法制審議会幹事、法律取調委員、帝国学士院会員、臨時法制調査会委員等歴任、昭和二十一年三月から同二十二年五月まで貴族院議員、昭和二十五年文化勲章受章、昭和四十五年四月十八日逝去。

- **飯田精太郎**（いいだ・せいたろう、小委員、男爵、旧山口藩士、公正会）
  明治十七年九月生、明治四十年京都帝国大学理工科大学電気工学科卒、同四十二年以降臨時台湾工事部技師、鉄道技師、新橋電力事務所長、鉄道省電気局長、運輸通信次官等歴任、昭和十年十二月から同二十二年五月まで貴族院議員、昭和二十二年参議院議員当選、昭和二十七年三月七日逝去。

- **霜山精一**（しもやま・せいいち、小委員、勅選議員、無所属倶樂部）
  明治十七年十月生、明治四十三年東京帝国大学法科大学卒、同年司法官試補、以後東京地方裁判所判事、大審院判事、札幌、広島各控訴院長、大審院部長判事、東京控訴院長、横須賀捕獲審検所長官、大審院長等を歴任、昭和二十一年三月から同二十二年五月まで貴族院議員、昭和五十年三月十二日逝去。

- **下條康麿**（しもじょう・やすまろ、小委員、勅選議員、同成会）
  明治十八年一月生、明治四十二年東京帝国大学法科大学卒、経済学博士、同年以降内務属、東京府試補、佐賀県事務官、内閣書記官、内閣恩給局長、同統計局長、同賞勲局総裁等を歴任、昭和十五年十二月から同二十二年五月まで貴族院議員、昭和二

芦部信喜先生記念講演録と日本国憲法

十二年及び同三十一年参議院議員に当選、昭和四十一年四月二
十五日逝去。

- **川村竹治**（かわむら・たけじ、小委員、勅選議員、交友倶樂部）
  明治四年七月生、明治三十年東京帝国大学法科大学卒、長崎、
  横浜、神戸、大阪各郵便局長、内務省参事官、台湾総督府内務
  局長、和歌山、香川、青森各県知事、内務省警保局長、拓殖局
  長官等歴任、大正十一年六月から昭和二十二年五月まで貴族院
  議員、その間内務次官、台湾総督、司法大臣、南満州鉄道（株）
  社長等歴任、昭和三十年九月八日逝去。

- **高柳賢三**（たかやなぎ・けんぞう、小委員、勅選議員、研究会）
  明治二十年五月生、大正元年東京帝国大学法科大学卒、同大
  学院修、大正二年東京帝国大学助教授、その後同大学教授、帝
  国学士院会員、昭和二十一年六月から同二十二年五月まで貴族
  院議員、**昭和三十一年憲法調査会長**、昭和四十二年六月十一日
  逝去。

- **田所美治**（たどころ・よしはる、小委員、勅選議員、同和会）
  明治四年四月生、明治二十八年帝国大学法科大学卒、諸府県
  参事官、文部省参事官兼文部書記官、文部省大臣秘書官、文部
  省普通学務局長、文部次官等を歴任、大正七年九月から昭和二
  十二年五月まで貴族院議員、昭和二十五年五月六日逝去。

- **松本學**（まつもと・がく、小委員、勅選議員、研究会）
  明治十九年十二月生、明治四十四年東京帝国大学法科大学卒、
  同年愛知県試補、その後秋田、静岡各県警視、鹿児島県理事官、
  警察講習所教授、内務事務官兼同書記官、鉄道書記官、神社局
  長兼造神宮副使、兼明治神宮造営局長、静岡、鹿児島、福岡各
  県知事、社会局長官、警保局長等を歴任、昭和九年十一月から
  同二十二年五月まで貴族院議員、昭和四十九年三月二十七日逝
  去。

芦部信喜先生記念講演録と日本国憲法

- **宮澤俊義**（みやざわ・としよし、小委員、勅選議員、無所属倶樂部）

  明治三十二年三月生、大正十二年東京帝国大学法学部卒、法学博士、大正十四年東京帝国大学助教授、その後同教授、法学部長、学術研究会議会員、終戦連絡中央事務局参与、東京帝国大学評議員、臨時法制調査会委員、行政調査部機構部長、東京大学名誉教授等を歴任、昭和二十一年六月から同二十二年五月まで貴族院議員、昭和五十一年九月四日逝去。

- **淺井　清**（あさい・きよし、小委員、勅選議員、交友倶樂部）

  明治二十八年十月生、大正八年慶應義塾大学法律科卒、法学博士、大正十二年以降慶應義塾大学法学部助手兼予科教員、同学部助教授、同教授、臨時法制調査会委員、行政調査部公務員部長等歴任、昭和二十一年七月から同二十二年五月まで貴族院議員、昭和二十三年十二月人事院総裁に就任、昭和五十四年八月十四日逝去。

- **高木八尺**（たかぎ・やさか、小委員、勅選議員、同成会）

  明治二十二年十二月生、大正四年東京帝国大学法科大学卒、法学博士、大正五年大蔵省専売局書記、その後東京帝国大学助教授、同教授、終戦連絡中央事務局参与、東京帝国大学附属図書館長等を歴任、昭和二十一年九月から同二十二年五月まで貴族院議員、昭和五十九年四月二十八日逝去。

- **安倍能成**（あべ・よししげ、特別委員長、勅選議員、同成会）

  明治十六年十二月生、明治四十二年東京帝国大学文科大学卒、同大学院修、大正十五年以降京城帝国大学教授、同法文学部長、第一高等学校長等歴任、昭和二十年十二月から同二十二年五月まで貴族院議員、同二十一年一月文部大臣就任、帝室博物館総長兼学習院長、昭和四十一年六月七日逝去。

（以上略歴は、主として、衆議院・参議院編集「議会制度百年史」貴族院議員・参議院議員名鑑－平成二年－に拠った。）

芦部信喜先生記念講演録と日本国憲法

芦部 信喜（あしべ のぶよし、1923 年 9 月 17 日 – 1999 年 6 月 12 日）は、日本の法学者。専門は憲法学。学位は法学博士（東京大学・1962 年）。1990 年日本学士院会員、1993 年文化功労者。1986 年から 1992 年まで日本公法学会理事長。護憲派憲法学者団体の全国憲法研究会代表、国際人権法学会理事長等も歴任。著書『憲法』（岩波書店）は代表的な著作であり、ロングセラーとなっている。称号は東京大学名誉教授。軍在籍時の階級は陸軍少尉。「自由の基礎法」として近代憲法を位置付け、日本国憲法における統治機構の原理及び人権保障のありかたを理論的に考察した。

来歴·人物

長野県上伊那郡赤穂村（現駒ヶ根市）生まれ。

　父は駒ヶ根初代市長、赤穂信用金庫理事長、駒ヶ根商工会議所会頭などを務めた芦部啓太郎。

赤穂尋常高等小学校（現長野県駒ヶ根市立赤穂小学校）、旧制伊那中学校（現長野県伊那北高等学校）、旧制松本高等学校文科甲類（現信州大学文理学部）を経て、学年短縮措置で半年早い 1943 年 10 月に東京帝国大学法学部政治学科入学。旧日本軍二等兵·少尉等を経て、1946 年復学、1949 年東京大学法学部卒。

1962 年「憲法制定権力の研究」により法学博士（東京大学）の学位を取得。1949 年東京大学法学部助手（宮沢俊義の下で憲法学を専攻）、1952 年同助教授。

ハーヴァード·ロー·スクール留学を経て、1963 年東京大学法学部教授、1980 年同学部長、1984 年同名誉教授（定年退官）、1984 年学習院大学法学部教授、1994 年放送大学教授等を歴任。

　この間 1994 年から 1996 年まで朝日新聞社紙面審議会会長を務めた他、九州大学、名古屋大学、京都大学、北海道大学の大学院等でも教鞭をとる。

法制審議会委員、宗教法人審議会会長、電波監理審議会会長等も歴任。

中曽根政権下の靖国懇のメンバー。総理大臣の靖国神社参拝は合憲とする靖国懇の多数意見に対し、違憲とする少数意見を書いた。

自衛隊について戦力の観点から、違憲との認識を示した。

芦部信喜先生記念講演録と日本国憲法

1999 年東京大学病院において肝不全のため死去。享年 75。葬儀委員長は長谷部恭男が務めた。

学　説

芦部は、戦前通説的見解とされた師である宮沢の学説を承継した上で、アメリカ合衆国の憲法学説・判例を他に先駆けて導入し、戦後の憲法学会における議論をリードし、その発展に寄与した。

　芦部は、まず、憲法が歴史の所産であるとした上で、市民革命を経て発展してきた近代憲法は、何より「自由の基礎法」である点に特質があり、「個人の尊重原理」とそれに基づく体系を根本規範とする価値秩序であるとする。

　かかる立場からは、憲法は、国法秩序において最も強い形式的効力を有する「最高法規」でもあり、国家権力を制限する「制限規範」でもあることになるが[1]、近代憲法を支えた古典的な立憲主義の思想は、現代においては、社会国家・福祉国家の思想と両立し、民主主義とも密接に結合するなど変容しているとする[2]。

　その上で、日本国憲法の制定の過程には、歴史上様々政治的な要因が働いていることは否定できないが、結局のところ、国民自ら憲法制定権力を発動させて制定したものであるとみるほかないとして宮沢の八月革命説を支持し[3]、その結果、上掲の特質を全て備えた日本国憲法が制定されたとみる。

　つぎに、人権も憲法と同様に歴史の所産であるとした上で、上掲の日本国憲法の制定過程や人権宣言の歴史に鑑みれば、日本国憲法は、明治憲法下の外形的人権宣言と異なり、自由権のみならず、社会権もともに「人間の尊厳性の原理」に基づき、固有性・不可侵性・普遍性を有する自然権として保障しているとする[4]。

　人権を「公共の福祉」に反しない限り保障していることの意味については、自由国家的公共の福祉と社会国家的公共の福祉の二つの側面があるとの**内在的制約説**をとり、宮沢説を基本的には承継しつつも、宮沢がその内容は多くの判例の積み重なりを待つしかないとしていたことに対しては、具体的な権利の制約範囲を確定できないと批判した上で、基本的人権の制約範囲を決定する違憲審査基準として

芦部信喜先生記念講演録と日本国憲法

アメリカにおけるカロリーヌ判決において提唱された経済的自由に比して精神的自由の優位性を認める**二重の基準論**を採用することを主張した[5]。

その上で、二重の基準論の根拠として、代表民主制という統治システムをとる制度の下では精神的自由が保障されていれば民主政の過程において議会で是正できることを重視して、統治機構と人権を理論的に架橋する道を開き、具体的な訴訟の中で人権保障のあり方を考える**憲法訴訟論**を展開した。

また、『国会が全国民を「代表」する議員によって組織される』とされていることの意味については、宮沢が「代表」とは法的な意味ではなく、国会の意思が国民の意思であると看做されるという「政治学的代表」を意味するとしたが、芦部は、宮沢説を基本的には承継しつつも、それが国会と国民の意思の一致していない現実を覆い隠す**イデオロギー**的性格を有し、より民意を反映するように選挙制度を改正する運動を妨げてきたと批判し、第二次世界大戦後の経済的発展に伴い社会構造が複雑化し、国民の価値観が多元化したという歴史に鑑みれば、「代表」とは、国会と国民の意思が事実上一致ないし少なくとも類似しなければならないとの憲法上の要請があるという「社会学的代表」を意味するとし、国民の意思を公平かつ忠実に国会に反映する選挙制度を制定することが憲法上要請されているとする[6]。

そして、内閣に属する**「行政権」**の意義につき、国家作用の分化の歴史からすれば、すべての国家作用から立法作用と司法作用を除いた残りの作用であるとする「行政控除説」が妥当であるとし[7]、議院内閣制の本質についても、それがイギリス憲政史において自然発生的に成立した政治形態であるとした上で、かかる議院内閣制を日本国憲法が採用したという歴史に鑑みれば、議院と政府が一応分裂し、政府が議会に対して連帯責任を負うことである点にこそ本質があり、政府が議会の解散権を有することにはないとの「責任本質説」をとる[8]。

さらに、裁判所に属する司法権の概念自体が歴史的なもので理論的に定めることはできないとし、裁判所の判断である判例には一定の**法創造機能**が認められ、一定の政策形成機能をも有するとする[9]。

芦部によれば、古典的な立憲主義は現代では民主主義と矛盾しないように変容をうけているだけでなく、違憲審査制はアメリカの歴史上憲法の最高法規性を確保

- 129 -

芦部信喜先生記念講演録と日本国憲法

する手段として確立された制度で人権保障の手段であり、しかも人権には代表民主制とは密接に関係するものもあるから、裁判所が違憲審査権を行使することは何ら民主主義原理と矛盾するものではなく、現代では裁判所が一定の公共政策を形成することが期待されていることからすれば、むしろ積極的に違憲審査権を行使しなければならないこともあるとする[10]。

著 書

- 『憲法と議会政』(東京大学出版会、1971 年)
- 『憲法訴訟の理論』(有斐閣、1973 年)
- 『現代人権論』(有斐閣、1974 年)
- 『憲法訴訟の現代的展開』(有斐閣、1981 年)
- 『憲法制定権力』(東京大学出版会、1983 年)
- 『司法のあり方と人権』(東京大学出版会、1983 年)
- 『憲法の焦点Ⅰ～Ⅲ』(有斐閣リブレ、1984 年～1985 年)
- 『国家と法Ⅰ』(放送大学教育振興会、1985 年)
- 『憲法判例を読む』(岩波書店、1987 年)
- 憲法叢説1 憲法と憲法学(芦部) (信山社、1994 年)
- 憲法叢説2 人権と統治(芦部) (信山社、1995 年)
- 憲法叢説3 憲政評論(芦部) (信山社、1995 年)
- 『憲法学Ⅰ～Ⅲ』(有斐閣、1992 年～1998 年)
- 『憲法』(岩波書店、初版 1993 年、新版 1997 年、新版補訂版 1999 年、第 3 版 2002 年、第 4 版 2007 年)
- 『人権と憲法訴訟』(有斐閣、1994 年)
- 『人権と議会政』(有斐閣、1996 年)
- 『宗教·人権·憲法学』(有斐閣、1999 年)

門下生

- 高橋和之／戸波江二／戸松秀典 ／野坂泰司／長谷部恭男

芦部信喜先生記念講演録と日本国憲法

- 日比野勤／渋谷秀樹／浦部法穂
- （高見勝利）小林直樹門下だが大きな影響を与えた

脚 注

1. 上掲『憲法 [初版]』4～12 頁
2. 上掲『憲法 [初版]』13～17 頁
3. 上掲『憲法 [初版]』27～31 頁
4. 上掲『憲法 [初版]』71～74 頁
5. 上掲『憲法訴訟の現代的展開』68 頁
6. 上掲『憲法 [初版]』218 頁
7. 上掲『憲法 [初版]』242 頁
8. 上掲『憲法 [初版]』249 頁
9. 上掲『憲法 [初版]』255 頁
10. 上掲『憲法の焦点 II』10 頁

＊芦部信喜先生の憲法改正についてのお考えが現れていると思われるので、1995(平成 7)年 10 月 21 日伊那北高校に於いて行われた憲法講演録集を刊行する。伊那北高校 OB の那須弘平先生のお世話になった。お礼申し上げます。（信山社　2017.5.3）

表紙写真：色、形、大きさの異なるトマト（杉山信男著『トマトをめぐる知の探検』（東京農大出版会、2017）より。©杉山信男、Printed in Japan, 2017）

芦部信喜先生記念講演録と日本国憲法

日本国憲法施行 70 周年

芦部信喜先生記念講演
平和憲法五十年の歩み
―その回顧と展望―

と

日英対訳 日本国憲法
The Constitution of Japan
付・日本国憲法制定経過年表他
（ポツダム宣言〜日本国憲法施行）

2017(平成 29)年 5 月 3 日　第 1 版第 1 刷発行

著　者　芦　部　信　喜 (©1995)
著作権者　芦　部　　律
（© 許諾 28 年 11 月）

発 行 者　今井貴　稲葉文子

発 行 所　株式会社　信山社

〒113-0033 東京都文京区本郷 6-2-9-102
Tel03-3818-1019　fax03-3818-1411
出版契約 2017-05-915-4　分類 323.341

ISBN 978-4-88261-915-4 C3332 ¥2000E

JCOPY 〈㈳出版者著作権管理機構 委託出版物〉
本書の無断複写は著作権法上での例外を除き禁じられています。複写される場合は、
そのつど事前に、(社)出版者著作権管理機構 (電話03-3513-6969, FAX 03-3513-6979,
e-mail: info@jcopy.or.jp) の許諾を得てください。

芦部信喜先生記念講演録と日本国憲法

法制局情報公開請求資料　平成 28 年 9 月　執務資料

憲法関係答弁例シリーズ 1　　　　　少部数限定復刻

憲法関係答弁例集(第9条・憲法解釈関係)

A5 変 592 頁　本体 6,000 円

法制局情報公開請求資料　　執務資料

憲法関係答弁例シリーズ 2　　　　　少部数限定復刻

憲法関係答弁例集(2)

(第1 天皇/〔第 2 戦争放棄 既刊〕/第3 国民の権利及び義務/第4 国会/第5 内閣/第6 司法/第7 財政/第 8 地方自治/第9 改正/第 10 最高法規/第11 その他)　A5 変 448 頁　本体 5,600 円

◆皇室典範立法資料

皇室経済法 芦部信喜　本体48,544円(税込 52,428 円)

皇室典範 芦部信喜　本体36,893 円(税込 39,844 円)　1990. 9.28

皇室典範講義・皇室典範増補講義 別巻264　穂積八束

　　　　　本体 50,000 円(税込 54,000 円)　2003. 5.20

明治皇室典範〔明治22 年〕(上) 小林宏

　　　　　本体 35,922 円　(税込 38,796 円)　1996. 5.26

明治皇室典範〔明治22 年〕(下) 小林宏

　　　　　本体 45,000 円　(税込 48,600 円)　1997. 5.25

◆ 【憲法改正】

日本国憲法制定資料集

日本国憲法(1)	本巻 071	33,010 円		1997. 3.24
日本国憲法(2)	本巻 072	35,000 円		1998.10.10
日本国憲法(4)－Ⅰ	本巻 74-1	45,000 円		2008. 7.28
日本国憲法(4)－Ⅱ	本巻 74-2	40,000 円	43,200	2008. 8.19
日本国憲法(5)	本巻 075	45,000 円		2009.12.15
日本国憲法(6)	本巻 076	30,000 円		2001.10.31

信山社　〒113-0033 東京都文京区本郷 6-2-9-102

尚友倶楽部
中園 裕・内藤一成・村井良太・奈良岡聰智・小宮 京 編集

河井弥八日記
戦後篇2［昭和二十三年〜昭和二十六年］

A5変・上製・664頁 定価：本体9,200円（税別） ISBN978-4-7972-6078-6 C3332

終戦前後の貴重な日記の翻刻。各巻、第一線の編者の〈解説〉を付す。

貴族院から参議院への動き、皇室への献身、新憲法の制定、砂防運動、報徳運動など、終戦前後の貴重な日記の原本を、読みやすく翻刻。内容として政治学、歴史学、憲法学など幅広い現代的意義を持ち、各巻それぞれに、現在第一線で活躍する研究者の〈解説〉も付した充実の書。本第2巻には中園裕博士による貴重な〈解説〉を付す。

【目次】

刊行にあたって…波多野敬雄
（一般社団法人 尚友倶楽部 理事長）
（凡例）
昭和二十三年
昭和二十四年
昭和二十五年
昭和二十六年
〈解説〉地域の政治家像を探る──静岡県の育成と発展を願った河井弥八 …中園 裕

河井弥八（かわい やはち）
明治10年10月24日生まれ。貴族院書記官等を経て、大正8年貴族院書記官長となる。内大臣秘書官長、侍従次長、皇后宮大夫を歴任し昭和13年貴族院議員。22年参議院議員（当選2回、緑風会）。28年参議院議長。昭和35年7月21日死去。82歳。静岡県出身。東京帝国大学卒。

第2巻 総説：内藤一成 解説：奈良岡聰智

下記にご記入の上、FAXまたはメールにてお申し込みください!!

＊全巻予約受付中！ 尚友倶楽部／中園 裕・内藤一成・村井良太・奈良岡聰智・小宮 京 編集

□河井弥八日記 戦後篇

　　　　　　　　第1巻 昭和20〜22年　　　　冊
　新刊　　第2巻 昭和23〜26年　　　　冊
　　　　　　　　第3巻 昭和27〜29年　　　　冊
　　　　　　　　第4巻 昭和30〜32年　　　　冊
　　　　　　　　第5巻 昭和33〜35年　　　　冊

お名前：
ご所属：
　〒　　　－
お届先：
お電話番号：
e-mail：

〒113-0033 東京都文京区本郷6-2-9-102 東大正門前
TEL：03(3818)1019 FAX：03(3811)3580 E-mail：order@shinzansha.co.jp

信山社
http://www.shinzansha.co.jp

講座 憲法の規範力 第5巻
ドイツ憲法判例研究会 編

◆憲法の規範力と行政◆

Projekt:Die normative Kraft der Verfassung
Herausgegeben von der Forschungsgesellschaft für deutsches Vassungsrecht

嶋崎健太郎 編集代表

A5変・上製・304頁　定価：本体6,800円（税別）　ISBN978-4-7972-1235-8 C3332

憲法が行政作用へ与える影響とは

第一線の研究者が集い、憲法が政治・社会の発展の中で果たしてきた現実的な存在意義を、ドイツ憲法学理論をベースに、広範かつ精緻な検討を行う。第5巻は、〈憲法の規範力〉が様々な行政作用へいかなる意味を持ち、またフィードバックを受けているのかを幅広く検討。総論から各論まで、変転する社会的現実に、憲法がいかに具体化、発展させられるのか、行政的側面から理論と実際の総合的考察を行う。

【目 次】
◇序　章◇〔嶋崎健太郎〕
- ◆第1章　法治国家論の展開―法の支配との共通の理念を踏まえて〔平松　毅〕
- ◆第2章　行政裁量と憲法構造―スメント学派の国家委託と職務国家の理論〔三宅雄彦〕
- ◆第3章　憲法の民主主義原理と行政計画の「受容」〔髙橋雅人〕
- ◆第4章　行政に対する基本権上の保護請求権〔武市周作〕
- ◆第5章　行政訴訟と基本権保護―「訴訟法の留保」は解消されるか〔神橋一彦〕
- ◆第6章　「警察」概念と憲法〔甲斐素直〕
- ◆第7章　警察による意図的救済銃撃の憲法的統制
　　　　　―ドイツにおける警察法に対する憲法の規範力の一側面〔嶋崎健太郎〕
- ◆第8章　国家に対峙する「個人」の尊厳からの協働原則批判
　　　　　―環境行政法への憲法の規範力〔藤井康博〕
- ◆第9章　ドイツ再生可能エネルギー法の2016年改正でみる
　　　　　法律の留保の範囲〔カール=フリードリッヒ・レンツ〕
- ◆第10章　財政への憲法の規範力
　　　　　―「違憲な起債」の制約可能性を手がかりとして〔上代庸平〕
- ◆第11章　青少年メディア保護州際協定における「規制された自主規制」
　　　　　―テレビ番組「I want a famous face」事件をめぐる2011年3月23日のバイエルン上
　　　　　級行政裁判所判決の分析を中心として〔杉原周治〕

講座 憲法の規範力 全5巻

第1巻　鈴木秀美　編集代表
規範力の観念と条件　既刊

第2巻　戸波江二・畑尻　剛　編集代表
憲法の規範力と憲法裁判　既刊

第3巻　小山　剛　編集代表
憲法の規範力と市民法　近刊

第4巻　鈴木秀美　編集代表
憲法の規範力とメディア法　既刊

〒113-0033　東京都文京区本郷6-2-9-102　東大正門前
TEL：03(3818)1019　FAX：03(3811)3580　E-mail：order@shinzansha.co.jp

信山社
http://www.Shinzansha.co.jp

中山信弘・金子敏哉 編

■しなやかな著作権制度に向けて■
―コンテンツと著作権法の役割―

A5変・並製・738頁　7,800円（税別）　ISBN978-4-7972-3234-9　C3532

著作権制度の役割とあり方

第一線の執筆陣が一堂に集った、今後の著作権法の議論に必読の書。著作権法学に関する充実の考察のみならず、経済学、漫画文化論からの検討など、広範な視点から、コンテンツの創作・流通・利用主体をめぐる実態の把握・理論的考察を行う。今後の著作権制度の役割とあり方について、研究から実務、学習まで、幅広く有用の書。

【目　次】
◇本書について………金子敏哉
◆第Ⅰ部◆　権利の内容・制限と利用許諾
第1章
ぼくのかんがえたさいきょうのちょさくけんせいど―新しい方式主義の構想―………田中辰雄
第2章
著作権法の設計―円滑な取引秩序形成の視点から―………前田　健
第3章
権利制限の一般規定―受け皿規定の意義と課題―………上野達弘
第4章
大量デジタル情報の利活用におけるフェアユース規定の役割の拡大
―著作権法（個別制限規定）の没落と自生的規範の勃興―………潮海久雄
第5章
権利制限の一般規定の導入と運用―韓国の経験から―………張　睿暎
第6章
イギリスにおける公益の抗弁について
―権利制限の一般規定を目指す我が国に与える示唆―………渕　麻依子
第7章
拡大集中許諾制度導入論の是非………今村哲也
第8章
引用規定の解釈のあり方とパロディについて………横山久芳
第9章
同一性保持権侵害の要件としての「著作物の改変」
―改変を認識できれば「改変」にあたらない説―………金子敏哉
第10章
建築作品の保存―所有者による通知の義務・作者による取戻の権利―………澤田悠紀
◆第Ⅱ部◆　著作権法における実証と理論
第11章
アジアにおける海賊版マンガから正規版への移行過程と残る諸問題
―台湾とタイの事例を中心に―………藤本由香里
第12章
いわゆる「著作権教育」の観察と分析から得られる
著作権制度の現状と課題について………小島　立
第13章
フェアユースの是非―クリエイターの意見―………田中辰雄
第14章
マンガ・アニメ・ゲームの人物表現における類似判定に関する調査報告………白田秀彰
第15章
マンガ・アニメ・ゲームにおけるキャラクターの本質的特徴について………白田秀彰
第16章
模倣の社会的意義を見極める方法を考える………寺本振透
第17章
著作権法におけるルールとスタンダード・再論
―フェアユース規定の導入に向けて―………島並　良

下記にご記入の上、FAXまたはメールにてお申し込みください!!

中山信弘・金子敏哉 編
□　しなやかな著作権制度に向けて　　　冊

お名前：
ご所属：
　　〒　　－
お届先：
お電話番号：
e-mail：

〒113-0033　東京都文京区本郷6-2-9-102　東大正門前
TEL：03(3818)1019　FAX：03(3811)3580　E-mail：order@shinzansha.co.jp

只野雅人 著

代表における等質性と多様性

A5変・上製・532頁　12,000円（税別）　ISBN978-4-7972-6753-2　C3332

近代議会システムにおける相克の日仏比較

法的構成原理（等質性）と社会学的原理（多様性）との間の緊張が際だって現れたフランスの議会システムを精緻に分析し、日本における政党システム、選挙制度、議会をめぐる法制度や慣行などを今日の民主主義制度に立ち返りながら検討する。

【目 次】
◇序──解題にかえて（1）
◆第Ⅰ編◆　代表と等質性──代表の法的構成原理
第1章　フランスにおける投票価値の平等と本質的人口の基礎
第2章　フランスの2008年憲法改正と選挙区画定
第3章　投票価値の平等と行政区画
第4章　普通選挙と排除
第5章　選挙権と投票価値の平等──権利・制度・統治機構
◆第Ⅱ編◆　代表と多様性──法的構成原理と社会
第1章　フランス民主主義と多様性──思想・意見の諸潮流の多元性をめぐって
第2章　国民主権・一般意思と特殊利益──フランスにおける集権と代表をめぐって
第3章　代表と社会学──普通選挙導入と日仏における職能代表論
第4章　基盤のゆらぎと選挙──危機と国民主権
第5章　国民主権と政治空間──フランスにおける《manifestation》の自由をめぐって
◆第Ⅲ編◆　議会と多様性
第1章　参議院の機能と両院制のあり方
第2章　政治代表と人・領域・利益──フランスにおける地方公共団体の代表
第3章　議会をめぐる制度・機能・基盤
第4章　国会の構成と機能をめぐるジレンマ
第5章　両院制と選挙制度
第6章　政治改革以降の選挙・民主主義──民主主義の手続と実質
◆第Ⅳ編◆　一般性と多様性──法律の正統性と合理性
第1章　饒舌な立法と一般意思──フランスにおける法律と政治 291
第2章　「よりよき立法（mieux légiférer）」──フランスにおける社会・経済の変容と統治の正統性
第3章　立法における専門合理性──フランスにおける法律の民主的正統性と合理性
第4章　「議員立法」と閣法
◆第Ⅴ編◆　統治機構をめぐる原理・制度・実践
第1章　政治機構とテクストの余白──政治法をめぐって
第2章　現代フランス統治構造論と政治法
第3章　議院内閣制の基本構造
第4章　相違と決定──代表における集団と規律に関する試論
第5章　日本国憲法と政党
第6章　議会をめぐる制度・実践・文化──議会制度と《opposition》

（著者紹介）
只野雅人（ただの・まさひと）
1964年　東京都に生まれる
1993年　一橋大学大学院法学研究科博士後期課程修了、博士（法学）
　　　　広島修道大学法学部専任講師
1997年　一橋大学法学部助教授
現　在　一橋大学大学院法学研究科教授

下記にご記入の上、FAXまたはメールにてお申し込みください!!

只野雅人 著
■ 代表における等質性と多様性　　　　冊

お名前：

ご所属：

　　〒　　-

お届先：

お電話番号：

e-mail：

〒113-0033　東京都文京区本郷6-2-9-102　東大正門前
TEL：03(3818)1019　FAX：03(3811)3580　E-mail：order@shinzansha.co.jp

信山社
http://www.shinzansha.co.jp

新　正幸 著
立法過程と立法行為
―憲法の理論と判例―

A5変・上製・320頁　6,800円（税別）　ISBN978-4-7972-5448-8　C3332

憲法学から立法過程を規範的動態的に考察

憲法学の見地から立法過程を規範的かつ動態的に考察。基本的にはウィーン法学派の動態的法理論に基づき、団藤教授によって提示された立法過程の重畳的な二面的動態理論に導かれつつ、立法過程をひとつの法現象と捉え、いわば「法現象としての立法過程」を規範的かつ動態的に考察する。

【目　次】

第1章　立法と立法過程
　第1節　法律の概念
　第2節　立法過程－議員立法，政府提出立法－
　第3節　議員立法－理論的見地から－

第2章　立法行為
　第4節　法現象としての立法過程と立法行為
　第5節　判例からみた立法行為論Ⅰ－法律の実体形成行為および法律議決を中心に－
　第6節　判例からみた立法行為論Ⅱ－立法過程の形式面（手続形成行為）を中心に－

第3章　21世紀の議会制像
　第7節　もう一つ議会制像－ハイエクの「一つの憲法モデル」をめぐって－
　第8節　二つの自生的秩序－市場システムと知的秩序のシステム－
　第9節　現代立憲主義像・管見－ケルゼンとハイエクの論争を素材として－

〈著者紹介〉
新　正幸（あたらし・まさゆき）
1945年　奈良県生まれ
1970年　東北大学大学院法学研究科修士課程修了
1985年　東北大学法学博士
　　　　福島大学行政社会学部教授
　　　　関東学園大法学部教授
　　　　金沢大学法学部教授
2004年　金沢大学大学院法務研究科教授

【下記にご記入の上、FAXまたはメールにてお申し込みください!!】

■ 立法過程と立法行為　憲法の理論と判例　　　冊
新　正幸 著

お名前：
ご所属：
　　　〒　　－
お届先：
お電話番号：
e-mail：

〒113-0033　東京都文京区本郷6-2-9-102　東大正門前
TEL：03(3818)1019　FAX：03(3811)3580　E-mail：order@shinzansha.co.jp

信山社
http://www.Shinzansha.co.jp

河上正二 責任編集（東京大学大学院法学政治学研究科教授）

消費者法研究 第2号

菊変・並製・340頁　定価：本体3,200円（税別）　ISBN978-4-7972-6682-5　C3332

〈特集〉若年成人と消費者保護

第2号は、消費者の属性・能力の検討として、主に「若年成人」に焦点を当て消費者被害防止や救済策について論究。【論説】は河上、熊谷（「能力」に関する3つのトピック）、松本（若年成年者の保護）、宮下（契約の適合性）、坂東（未成年者取消権）、内山（威圧型不当勧誘）、山田（スマホゲームのトラブル）、【海外事情】谷みどり。【立法の動向】も含め最新のテーマに迫る充実の340頁。

河上正二／熊谷士郎／松本恒雄／宮下修一／坂東俊矢／内山敏和／山田茂樹／加藤雅信／谷みどり

〈目 次〉
【論 説】
1　人間の「能力」と未成年者、若年消費者の支援・保護について…河上正二
2　「能力」法理の縮減と再生・契約法理の変容…熊谷士郎
3　成年年齢引き下げと消費者取引における若年成年者の保護…松本恒雄
4　若年者の契約締結における適合性の配慮について…宮下修一
5　消費者被害救済法理としての未成年者取消権の法的論点…坂東俊矢
6　我が国の威圧型不当勧誘論に関する解釈論的考察…内山敏和
7　スマホゲームに関する未成年者のトラブルの現状と課題
　　―いわゆる電子くじ（ガチャ）を中心として―…山田茂樹
〈参考〉加藤雅信　未成年者保護規定の改正をめぐる動向
【海外事情】
「弱い消費者」に関する海外の認識と対応…谷みどり
【立法の動向】
民法の成年年齢引き下げについて
【解説】成年年齢引き下げと消費者保護…河上正二

〈執筆者紹介〉
河上正二（かわかみ・しょうじ）　東京大学大学院法学政治学研究科教授
熊谷士郎（くまがい・しろう）　青山学院大学法務研究科教授
松本恒雄（まつもと・つねお）　独立行政法人国民生活センター理事長
宮下修一（みやした・しゅういち）　中央大学大学院法務研究科教授
坂東俊矢（ばんどう・としや）　京都産業大学大学院法務研究科教授
内山敏和（うちやま・としかず）　北海学園大学法学部准教授
山田茂樹（やまだ・しげき）　内閣府消費者委員会事務局委託調査員、司法書士
加藤雅信（かとう・まさのぶ）　名古屋学院大学法学部教授
谷みどり（たに・みどり）　経済産業省消費者政策研究官、東京大学公共政策大学院客員教授

下記にご記入の上、FAXまたはメールにてお申し込みください!!

【新刊】　□ 消費者法研究 第2号　_____冊

＊定期購読の予約受付中

お名前：

ご所属：

〒　　－

お届先：

お電話番号：

e-mail：

〒113-0033　東京都文京区本郷6-2-9-102　東大正門前
TEL：03(3818)1019　FAX：03(3811)3580　E-mail：order@shinzansha.co.jp

信山社
http://www.shinzansha.co.jp

宇賀克也 編（東京大学大学院法学政治学研究科 教授）

ブリッジブック 行政法（第3版）

四六変・並製・352頁　2,500円（税別）　ISBN978-4-7972-2357-6　C3332

基本の基本にこだわった行政法入門

ブリッジブック・シリーズは，本格的教科書を読むための初学者向け導入教材として企図されている。①学習の幹づくりに徹した項目の選定，②思考の過程を丁寧に見せる叙述，③興味喚起から専門基礎までカバー，をその特長とする。この第3版では，平成26年6月に全部改正が成立し平成28年4月から施行された行政不服審査法などの新動向を反映させている。説明事例に更に磨きをかけた行政法入門書。

【目　次】
第1部　行政法の基礎
- 第1講義　行政のフィールドは広い
- 第2講義　法律は行政のエンジンでありブレーキである
- 第3講義　行政法は民法に似ている？

第2部　行政の作用
- 第4講義　市民より行政の判断のほうがとりあえず上
- 第5講義　行政活動の潤滑油
- 第6講義　実は行政が自らルールを作ることもある
- 第7講義　行政活動は計画的に
- 第8講義　行政が市民と対等の場合もある
- 第9講義　行政の実効性を確保するための工夫
- 第10講義　行政活動のプロセスを点検する
- 第11講義　情報社会における行政法

第3部　国民の救済
- 第12講義　手軽で便利で迅速な権利救済
- 第13講義　市民の権利救済最後の砦
- 第14講義　国の責任を問う
- 第15講義　負担を分かち合う

第4部　行政の組織
- 第16講義　縦割り行政の弊害は克服されたか
- 第17講義　地方分権はどこまで進んだか
- 第18講義　行政の仕事とは何だろう？

第5部　行政法の課題
- 第19講義　行政法はどのように変化してきたか

〈執筆者紹介〉
宇賀克也＊（うが・かつや）　第16講義，第17講義，第19講義
　現　在　東京大学大学院法学政治学研究科教授
木村琢麿（きむら・たくまろ）　第3講義，第8講義，第10講義，第18講義
　現　在　千葉大学大学院専門法務研究科教授
桑原勇進（くわはら・ゆうしん）　第4講義，第7講義，第12講義，第13講義
　現　在　上智大学法学部教授
中原茂樹（なかはら・しげき）　第1講義，第5講義，第9講義，第11講義
　現　在　東北大学大学院法学研究科教授
横田光平（よこた・こうへい）　第2講義，第6講義，第14講義，第15講義
　現　在　同志社大学大学院司法研究科教授

下記にご記入の上，FAXまたはメールにてお申し込みください!!

宇賀克也 編
■ ブリッジブック 行政法（第3版）　　　　冊

お名前：

ご所属：
　　　〒　　－

お届先：

お電話番号：

e-mail：

〒113-0033　東京都文京区本郷6-2-9-102　東大正門前
TEL:03(3818)1019　FAX:03(3811)3580　E-mail:order@shinzansha.co.jp

信山社
http://www.shinzansha.co.jp